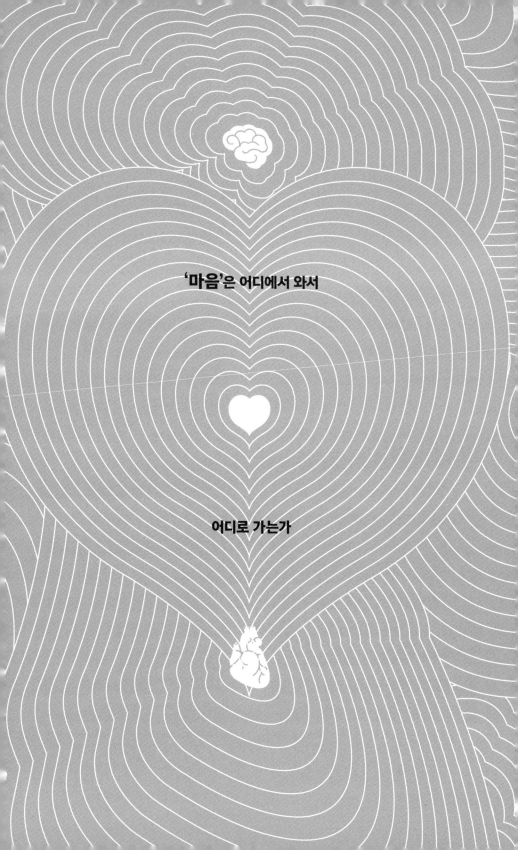

KOKORO HA DOKOKARA KITE DOKO HE IKUNO KA

by Toshio Kawai, Shinichi Nakazawa, Yoshinori Hiroi, Shinsuke Shimojo
and Juichi Yamagiwa
Text Copyright ©2016 by Toshio Kawai, Shinichi Nakazawa, Yoshinori Hiroi, Shinsuke Shimojo
and Juichi Yamagiwa
Compilation Copyright ©2016 by Toshio Kawai
First published 2016 by Iwanami Shoten, Publishers, Tokyo.
This Korean edition published 2018
by Chung A Ram Media Co., Seoul
by arrangement with the Proprietor c/o Iwanami Shoten, Publishers, Tokyo
through Shinwon Agency, Seoul.

'마음'은 어디에서 와서 어디로 가는가

첨단 과학이 밝혀내는 '마음'의 실체

가와이 도시오 | 나카자와 신이치 | 히로이 요시노리 | 시모조 신스케 | 야마기와 주이치 지음
강수현 옮김

청어람미디어

목차

과학기술의 진보, 세계화로 인한 거대 경제권의 출현, 게다가 근래의 지구환경 변화까지 더해져, 사람들의 관계 및 생활은 크게 변화하였습니다. 그러한 변화는 자연히 사람들 '마음'에 영향을 끼치고, 때로는 지금까지의 세계관을 흔들려고 합니다.

그에 대해서는 과학기술이나 경제 등 각 분야의 개별적인 대응도 중요하지만, 그에 직면하고 적응해야 하는 사람의 '마음'에 초점을 맞추는 일이 중요하지 않을까 싶습니다. 즉, 인류가 지금까지 '마음'을 어떻게 이해해 왔는가를 근거로 하면서, '마음'이란 무엇인가를 탐구하고, 나아가 무엇이 앞으로의 '마음'의 의지처가 될 것인지를 밝히는 작업이 필요해질 것입니다.

교토 대학은 공익재단법인 이나모리(稻盛) 재단으로부터 지원을 받아, 마음의 미래연구센터를 중심으로 '교토마음회의(Kokoro Initiative)'를 2015년 4월에 조직하였습니다. '교토마음회의'는 다양한 학문에서 '마음'의 과거, 현재, 미래를 묻고, 또한 일본어의 '고코로(마음)'라는 단어에 함축된 넓고 깊은 뉘앙스를 비롯하여 마음의 새로운 이해를 'Kokoro Initiative'를 통해 세계로 발신하고자 합니다.

첫해인 2015년 9월 13일에는 '마음과 역사성'이라는 제목으로 '제1회 교토마음회의 심포지엄'이 개최되었습니다. 이 책은 심포지엄의 다섯 가지 강연, 〈'물질'과 '마음'의 통일을 향해〉(나카자와 신이치), 〈마음의 역사적 내면화와 인터페이스〉(가와이 도시오), 〈포스트 성장시대의 '마음'과 사회구상〉(히로이 요시노리), 〈마음의 잠재과정과 '내력'─지각, 진화, 사회뇌〉(시모조 신스케), 〈마음의 기원─공감에서 윤리로〉(야마기와 주이치), 그리고 마지막 토론의 요약을 수록한 것입니다.

두 번째 해에는 '마음의 안과 밖'이라는 주제를 예정하고 있습니다. 이 책을 시작으로 하여, 앞으로도 마음이란 무엇인가를 탐구해 가려 합니다. 현대에 다시금 정면에서 '마음'을 묻는다는 시도에 많은 관심을 보여주시고, 제1회 심포지엄에도 참가해주신 이나모리 가즈오 이사장을 비롯한 공익재단법인 이나모리 재단의 지원에 마음 깊이 감사드립니다.

가와이 도시오

왼쪽부터 가와이, 나카자와, 히로이, 시모조, 야마기와

'물질'과 '마음'의
통일을 향해

나카자와 신이치

교토마음회의의 첫 강연을 맡게 되어 매우 영광입니다. 오늘 강연에서는 앞으로의 마음학은 어떠한 기초 위에 서야 하며, 어떠한 구조를 취해야 할지에 대해 이야기하려고 합니다.

오늘날에는 분자생물학과 신경과학이 마음의 활동을 분자과정으로까지 환원하여 이해하려는 탐구를 심화하고 있습니다. 이들 자연과학적 탐구와, 이른바 '인문계'의 학문이 오래전부터 발전시켜온 마음학, 이 둘은 현재 통일된 이해에 도달하기까지 아직 갈 길이 먼 상태입니다. 나의 이야기는 이 둘을 연결하여 진정으로 통일된 마음학을 만들어 내려면 어떤 관점을 취해야 하는지, 그 밑그림을 제시하려는 것입니다. 야심 찬 내용이 되겠지만, 부디 잘 들어주시기 바랍니다.

1 _____

내가 대학에 입학한 때는 1970년대 초반이었습니다. 그 당시의 대학에서는 아직 자연과학과 인문학이 지금과 같은 비대칭적인 관계가 아니었습니다. 그 둘 사이의 차이도 크게 느껴지지 않았고, 대학에 인문계 학문은 필요하지 않다는 식의 논의는 한 번도 들어본 적이 없었습니다. 그 당시 철학은 인간의 마음에 대해 당당히 이야기했고, 정신분석학이 말하는 마음의 구조에 대해 많은 사람이 귀를 기울이려 했습니다. 하지만 그 한편에서는 분자생물학이 맹렬한 기세로 발달하고 있고, 또한 신경과학에서는 전자현미경을 이용한 신경조직의 관찰도 진보하여, 정보전달이며 기억의 구조에 대한 새로운 지식이 속속 밝혀지고 있었습니다. 인간 마음의 이해를 두고 자연과학과 인문학이 서로 패권을 다투고 있었습니다.

나의 가장 큰 관심은 인간의 마음이었습니다. 어릴 적부터 그것이 가장 궁금했습니다. 마음은 어디에 있는 것일까, 뇌와 마음은 어떤 관계일까, 언제부터 인간은 지금과 같은 마음을 갖게 되었을까. 이러한 것들이 나의 최대 관심사였습니다. 유물론적 사고를 알게 되고부터는 물질과 마음을 연결하는 것은 무엇일까 같은 의문도 생겨, 대학에서도 꼭 마음에 대해 배우고 싶었습니다.

하지만 난처하게도 어느 학과에 가야 내가 찾는 마음의 학문을 만날 수 있을지 알 수가 없었습니다. 실컷 방황한 끝에 대학에서는 이학부의 생물계를 목표로 삼기로 하였습니다. 그곳에는 매우 힘든 나날이 기다리고 있었습니다. 수업 시간에는 유전자 해석의 방법을 자세히 배우고, 강의가 끝나면 밤늦게까지 실험이 이어졌습니다. 기억과정을 뇌 내 단백질의 조성 변화로 해명하려는 새로운 연구에 대해서도 배웠습니다.

나는 또 방황하기 시작했습니다. '내가 구하고 있는 마음학이 과연 이러한 연구 끝에 그 해답을 얻을 수 있는 것일까.' 방황하던 내 앞에 한 종교학 교수가 나타나 악마의 속삭임을 건넸습니다. "자네가 구하고 있는 학문은 인간 마음의 좀 더 격렬한 활동 영역에 속한다네. 그건 종교학과로 오면 배울 수가 있지." 그리하여 대학교 3학년, 생물학 연구를 포기하고 인문계 학문에 의한 마음 연구로 '전향'하였습니다. 그것도 철학 같은 학문과는 달리 기괴한 것, 상궤를 벗어난 것, 숭고한 것, 심원한 것까지 모두 포섭하는, 종교현상에 나타난 인간의 마음을 연구하는 길로 들어서게 되었습니다.

그렇다 보니 종교학과 인류학 연구를 하면서도, 분자생물학과 신경과학이 추진하고 있던 생명체의 마음 연구에도 깊은 관심을 가지고 있었습니다. 인문학 쪽에서는 확실히 인간 마음의 미묘한 작용에 이르기까지, 모든 마음 현상을 극명하게 추적하려 하였습니다. 하지만 인문학에서 사용하고 있는 학문의 방법론은 19세기 이후의 낭만주의적 방법에서 그다지 나아가지 못했다고 느껴졌습니다. 낭만주의는 '이야기'의 구조를 사고의 중간 역할로 사용하여 이 세상의 진리를 언어로 표현하려는 경향이 강하지만, 인류학을 배운 나에게는 그 같은 방법이 신석기시대 이후의 '신화'의 근대적 변형에 지나지 않는 것처럼 여겨졌습니다.

그때 관심을 갖게 된 것이 당시 인문학에 도입되고 있던 구조주의 연구 방법이었습니다. 언어학에서 실현된 과학적 방법으로 인간의 심적 현상을 연구하고자 하는 새로운 인문학의 등장이었습니다. 구조주의의 방법은 언뜻 보면 과학적으로 보였습니다. 하지만 점차 무엇인가 중요한 것이 빠져 있다고 느끼게 되었습니다. 언어학을 모델로 하여 만들어졌던 구조주의가 그로 인해 문화적인 것과 자연과정에 속하는 것을 분리하여,

물질과정과 마음과정의 통일된 이해를 오히려 방해하고 있는 듯 생각되었기 때문입니다.

2 _____

이제 조금 더 자세히 이야기해 보겠습니다. 인문학은 인간의 마음은 언어에 의해 만들어진다는 관점에서 출발합니다. 실제 마음에서 일어나는 것은 언어를 통해 밖으로 꺼내보지 않으면 이해가 되지 않습니다. 구조주의는 이러한 관점을 확장하여 마음 자체가 말에 의해 만들어진다(구조화된다)고 하는 지점으로까지 나아갔습니다.

현대 언어학은 말의 소리 단위인 음운에서 의미에 이르기까지, 말이 구조의 축적으로 만들어졌다는 것을 해명하는 강력한 분석 도구를 개발한 상태였으니, 그 언어학의 도움을 받아 말과 일체인 마음의 구조도 밝힐 수 있을 것이다, 그렇게 구조주의의 방법을 만들어 가다 보면 인문학도 과학적으로 확실한 기초를 마련할 수 있을 것이다, 라는 기대를 가지게 되었습니다.

그러나 여기서 난처한 일이 발생합니다. 나는 지금 목구멍의 모양이며 혀의 위치, 입을 벌리는 방법 등을 미묘하게 조절하면서 이렇게 여러분에게 이야기하고 있습니다. 발성의 모든 과정이 무의식적으로 이루어집니다. 목에서 소리를 밖으로 내보내는 과정은 내장의 활동으로 직접 이어지고, 신체의 물질과정과 직결되어 있습니다.

언어는 이렇게 발성되는 소리의 음 가운데에서 극히 소수의 요소만을 골라 음소로 사용합니다. 선택된 음소를 조합하여 말을 하는 것입니다. 이는 이미 문화의 영역에 속하는 활동입니다. 문화는 자연의 것으로부터 유용한 요소만을 골라내어 시스템을 만듭니다. 문화는 자연에서 분리되어 자율성을 가진 활동을 합니다. 구조주의는 이러한 문화를 시스템으로 연구하려고 하였습니다. 그 때문에 신체와 내장 활동으로 이어지는 자연과정은 문화로부터 분리되어 버렸습니다. 마음을 언어와 같은 구조로 연구하려고 하면, 어떻게 하든 물질적인 과정으로부터 분리되어 이른바 '물질'과 '마음'의 분리가 여기서도 진행되고 맙니다.

이래서는 근대주의(모더니즘)의 한계를 돌파할 수 없다고 생각했습니다. 근대주의는 자연에 속박되지 않는, 자연의 구속으로부터 자유로운 문화의 구축에 높은 가치를 부여해 왔습니다. 문화적인 구축물 안으로 자연과정이 가능한 한 들어올 수 없도록 만들어 자연과정을 '외부'로서 배제한 시스템 내부에서, 뇌 속에 생겨나는 사고나 사상을 자유롭게 표현하는 것, 그것이 근대주의의 이상입니다.

거기서는 문화 전체가 도시의 구조를 가지게 됩니다. 바깥의 자연으로부터의 영향 내지 위협을 차단하여, 도시 내부에 언어적 로고스에 기초를 둔 자유로운 공간을 만들 수밖에 없습니다. 좀 전에 이야기한 발화(發話)의 경우로 말하자면, 목구멍이 내는 언어음은 내장 활동과 같은 자연과정에 직결하고 있는데도, 그 사실을 언어학의 밖으로 쫓아내고, 자연음이 언어에 유용한 음(음운)으로 변형된 뒤에 시작하는, 문화적인 커뮤니케이션 세계의 것에만 관심을 집중시키는 경향이 구조주의에도 강하게 나타나고 있었습니다.

인문학은 또다시 자연과정에 속하는 '물질'과, 인간의 뇌 내 과정으로부터 생겨난 '마음'을 잇는 회로를 스스로 막아버렸다는 생각이 들었습니다. 언어학을 모델로 하는 구조주의는, '마음'의 건너편 언덕에 펼쳐진 '물질'의 영역으로 파고들어 가는 일이 불가능한 채로, '마음'의 이쪽 편에서 문화와 노닐고 있습니다. 이럭저럭 하는 사이 신경과학은 '물질' 쪽에서 경계를 넘어 '마음' 작용의 분자적 해명에 나설 것이 분명합니다. 그러한 시대가 다가왔을 때 인문학에는 아직 무엇인가 '마음'에 대해 이야기할 자격이 남아 있을까. 나는 구조주의와 그 악화한 후계자인 포스트 구조주의를 넘어 앞으로 나아가기 위한 탐구를, 혼자서 시작하지 않을 수 없었습니다.

하지만 나에게는 확신이 있었습니다. 아무리 인간이 고도의 사고력을 가지고, 다양한 발명과 발견을 해왔다고 하더라도, 모두 뇌가 있기에 가능했던 일입니다. 뇌는 자연의 진화과정에서 만들어진 것으로, 뇌에서는 우리가 이해할 수 없는 물질과정은 전혀 일어나지 않는다는 사실이 점차 밝혀지고 있습니다. 뉴런 안에서 전위 변화가 생기고, 이온의 출입이 일어나 시냅스에서 전달물질이 방출됩니다. 이때 자연과정 이상의 것은 전혀 일어나지 않습니다. 자연은 자신의 재료를 사용하여 오랜 시간을 들여 자기 스스로 뇌를 만들어 왔습니다. 지구 밖에서 온 것이 아니라 지구가 진화의 과정에서 만들어낸 것이 이 인류의 뇌입니다. 그리고 인간의 마음은 이 뇌를 거쳐 활동을 하고, 뇌 내의 물질과정과 일체가 되어 움직이고 변화하고 있습니다. 그렇게 생각한다면 마음 역시 지구의 진화과정에서 만들어진 것일 뿐 아니라 자연이 낳은 걸작이라 할 수 있을 것입니다. 그렇다면 자연의 물질과정과 마음과정을 잇고 통일시키는 메커니즘이 반드시 존재하지 않으면 안 될 것입니다.

그렇다면 우리 인간의 뇌 안에서 물질적인 '뉴런 계열'과 비물질적인 '마음 계열'을 잇고, 통일시키고 있는 것이란 과연 무엇일까. 나는 그 문제를 수십 년에 걸쳐 계속 생각해 왔습니다. 오늘은 그 과정에서 보이기 시작한 것들을 제한된 시간이지만 이야기해 보려고 합니다. 인문계 학문과 자연과학계 학문을 진정으로 통합할 수 있는 미래의 '사이언스'의 형태가, 그곳에서부터 보이기 시작할 것입니다.

3 ____

현재 인간의 마음을 이해하는 방법에는 두 가지가 있습니다. 하나는 '뉴런 계열'의 연구를 통해 마음을 이해하는 방법이고, 다른 하나는 인지 과정의 구조를 분석함으로써 마음의 작용을 연구하는 방법으로, 이를 '마음 계열'의 연구라고 이름 붙이려 합니다. 전자는 마음을 '물질'의 측면 에서 연구하는 것이지만, 후자는 마음의 '마음적'인 측면을 인문학적 방 법으로 연구한다고 해도 좋습니다.

뉴런 계열의 마음 연구는 오로지 신경과학에 의해 추진되고 있습니 다. 전자현미경과 분자생물학 덕분에 신경조직에서 무슨 일이 일어나고 있는지, 상당히 미세한 부분까지 알 수 있게 되었습니다. 우리가 어떤 불 안이나 기쁨 같은 감정을 느낄 때, 어떤 판단을 할 때, 뉴런과 시냅스에서 무슨 일이 일어나는가를 신경과학은 정확히 추적하여, 그곳에서 어떤 물 질과정이 일어나고 있는지를 밝히는 방법을 개발하였습니다.

그런 까닭에 일찍이 프로이트와 융의 정신분석학이 무의식이라든가 일차과정, 억압, 억울 같은 다양한 개념을 개발하여 다루어 온 문제를, 뇌 내의 물질과정으로서 파악하는 일이 가능할지도 모르겠다는 지점에 까지 신경과학의 연구는 다가가기 시작했습니다. 우울증 치료에는 현재 약물이 사용되고 있습니다. 신경과학 연구에 의해 우울증이 특정 뇌 내

물질의 분비 저하가 원인이라고 해명되어, 분비를 촉진하는 물질을 투여하는 치료법이 개발되었기 때문입니다. 그렇게 되면 지금까지 인문계 마음의 학문이 다양한 개념을 사용하여 우울증을 해명하려 해왔지만, 앞으로는 약물을 투여하여 치료하고, 또한 우울증 자체도 물질적인 과정으로 이야기될 것입니다.

인간의 마음을 다루어 온 인문학은 지금 신경과학으로부터 큰 도전을 받고 있습니다. 특히 신경과학 연구가 왕성한 미국에서는 프로이트와 라캉의 권위가 크게 흔들리고 있습니다. 정신과 의사는 "자, 저쪽 소파에 편하게 누워주세요."라든지 "이 상자정원에서 놀아 보세요."라고 말하는 대신에, 몇 분 동안의 진찰로 벌써 약을 처방하는 게 전부이지만, 마음의 병은 확실히 호전된다는 이야기가 이제는 현실이 되어가고 있습니다.

그렇다면 인간의 마음이 이처럼 신경과학과 뇌과학에 의해 전부 해명되어 갈 것인가 하면, 그렇지는 않을 것이라고 생각합니다. 처음부터 원리적으로 그렇게는 되지 않을 것이라고 봅니다. 마음은 뉴런계의 물질과정을 통해 활동하기 때문에, 뉴런계의 활동이 없는 곳에 마음계의 활동은 일어나지 않습니다. 하지만 우리의 체험이 보여주듯이 마음계를 뉴런계로 환원해 버리는 일은 도무지 불가능합니다. 뉴런계와 마음계는 어디까지가 같고 어디에서 차이가 발생하는가. 이를 정확히 짚어 보지 않으면 안 됩니다.

이는 마음을 다루는 인문학에 있어 중요한 시금석이 될 질문입니다. 신경과학, 생명과학과 올바른 대화를 나눌 수 있는 인문학을, 앞으로 우리는 만들어 가지 않으면 안 됩니다. 그러지 않는다면, 인문학은 자기만족에 머문 채 현대의 인간이 필요로 하는 참된 지식을 만들어 갈 능력을 잃고 말 것입니다. 따라서 오늘 나의 강연은 인문학의 재생에 관련된 이야기가 될 것입니다.

4 _____

　뉴런계와 마음계를 잇는 회로가 존재할 것입니다. 같은 원리로 움직이는 부분이 있고, 게다가 그곳은 양쪽 계열에 본질적인 기구이기 때문에, 추구해 가다 보면 찾고 있는 연결 회로가 발견될 가능성이 있습니다.

　뉴런계도 마음계도 '브리콜라주(bricolage)'에 의해 스스로를 조직하고 있습니다. 진화와 복잡화를 진행함에 있어 뉴런계도 마음계도, 똑같이 브리콜라주의 방법을 따르고 있습니다. 신경과학과 인류학이 거의 동시에 이 사실을 발견하였습니다.

　브리콜라주는 인류학자 클로드 레비-스트로스의 『야생의 사고』(1962)에 의해 인문학 쪽에서는 대단히 유명해진 개념입니다. 현대의 엔지니어는 특정한 작업을 수행할 때, 그 전용으로 특화한 도구와 소재를 미리 준비해 두고 작업을 합니다. 그러나 산업혁명 이전의 인간은 거의 그런 일이 없었습니다. 다른 용도를 위해 준비해 두었던 도구와 소재를 다른 종류의 작업에 사용하는 일이 보통이었습니다. 돌도끼는 신석기인에 의해 온갖 종류의 작업에 사용되었을 것입니다. 무엇이든 스스로 만들어 쓰는 생활인이라도 DIY 가게가 발달하기 이전에는, 사정은 완전히 똑같았습니다. 주변에 있는 '잡동사니'를 조합하고 적절한 도구를 솜씨 좋게 사용하여, 선반을 만들거나 욕실 수리를 하는 광경을 흔히 볼 수 있었습니다. 이 '잡동사니'를 이용하여 새로운 것을 만들어 내는 행위, 이것이 브리콜라주입니다. 인류의 지성은 자연 상태에서는 브리콜라주를 한다는 것이 레비-스트로스의 생각이었습니다.

실제로 브리콜라주를 어떻게 설명했는지 살펴보겠습니다.

> 손재주가 있는 사람(브리콜뢰르)은 다종다양한 일을 할 수 있다. 그렇
> 지만 엔지니어와는 달리, 일의 하나하나에 대하여 그 계획에 꼭 맞
> 게 고안되고 구입된 재료와 기구가 없다고 해서 일을 시작하지 않는
> 일은 없다. (중략) 손재주 있는 사람이 사용하는 자재의 집합은 단지
> 자재성(잠재적 유용성)으로만 정의된다. (레비-스트로스 『야생의 사고』)

브리콜라주의 방식으로 일을 하는 사람(브리콜뢰르)은 잠재적으로 쓸
모가 있겠다고 생각되는 것이면 무엇이든 사용해서 일을 한다고 합니다.
새로운 사업을 시작할 때에도 주변에 있는 소재와 인재를 모아, 그들을
적절히 조합해서 일을 시작합니다. 새로운 자재를 외부로부터 조달하는
일은 없고, 오래 써서 낡은 자재로부터 잠재적인 능력을 끌어내어 지금까
지와는 다른 기능을 부여함으로써, 기술 혁신을 일으킨다는 것이 '야생의
사고'의 방식입니다. 실제 신화는 늘 오래된 '자재'를 재이용하고 조합을
변화시키기만 하여, 새로운 신화를 만들어 왔습니다. 예술에 대해서도 완
전히 똑같은 이야기를 할 수 있습니다.

그러나 완전히 똑같은 브리콜라주의 원리가 생물에 의해서도 놀라운
방식으로 사용되고 있습니다. 바이오 뉴런계에서도 브리콜라주는 진화의
과정에서 대활약을 해왔던 것입니다. 이에 대해 현대의 신경과학자는 이
렇게 말합니다.

실제로 기억에 대한 생화학 연구에서 생물학의 일반적인 원리가 밝

혀져 왔다. 진화는 새로운 특정의 기능을 만들어 낼 때마다, 새로운 특별한 분자를 창조하는 것이 아니다. 오히려 분자생물학자인 프랑수아 자코브(François Jacob)가 지적하듯이, 진화는 솜씨 없는 수선공(브리콜뢰르)으로, 가지고 있는 유전자를 그때그때 간신히 다른 양식으로 반복하여 재이용하고 있을 뿐이다. 인간이 컴퓨터나 자동차를 재설계할 때, 새로운 양식을 창조하기 위해 고물에서부터 출발하는 일은 없다. 반면에 진화는 변이를 창출하거나 유전자 구조에 무작위한 변화(돌연변이)를 일으키기도 하고, 어떤 단백질에 약간 다른 변이를 일으킴으로써 일을 시키고 있다. (에릭 캔델, 래리 스콰이어 『기억의 비밀』)

다시 말해 브리콜라주는 마음계가 행하는 문화 창조의 원리로서만이 아니라, 생명이 생존과 진화를 건 비약을 할 때에 사용하는, 뉴런계에서 가장 중요한 작용을 하는 원리인 것입니다. 이 같은 사실이 생명과학 안에서 밝혀졌습니다. 군소(sea hare, 바다에 사는 연체동물의 일종)와 같은 단순한 신경조직을 가진 생물에서 쥐처럼 발달한 뇌를 가진 생물로, 다시 고릴라로, 침팬지로, 원인(猿人)으로, 인류로 뇌의 신경조직은 복잡성을 늘리는 진화를 이루어 왔습니다. 그사이에 신경조직은 계속 새로운 모양으로 진화해 왔지만, 그때마다 새로운 부품이 조달된 것은 아니라고 현대의 신경과학은 생각합니다.

고릴라가 새로운 컴퓨터를 뇌에 장착했기 때문에 인류로 진화한 것도 아니고, 네안데르탈인이 무엇인가 새로운 프로그램을 뇌에 깔았기 때문에 우리와 같은 호모 사피엔스로 진화한 것도 아닙니다. 그러한 것이 아니고, 모든 생물이 자신의 세포와 뇌 안에서 찾을 수 있는 이미 만들어져 있는 소재에 브리콜라주를 함으로써, 그로부터 새로운 기능을 끌어내

왔습니다. 진화의 뒤쪽에 서보면, 마치 '잡동사니'처럼 여겨지는 소재를 사용하여 새로운 조직을 만들어 내고, '잡동사니' 소재의 잠재능력을 끌어낸 결과 생물은 진화를 달성하는 것입니다. 생물은 그때마다 새로운 분자를 발명하는 대신 고물을 이용하여 진화해 왔습니다.

프랑수아 자코브가 말하듯이, 진화는 변이를 창출하거나 유전자 구조에 무작위한 변화(이를 돌연변이라고 하지요)를 일으키기도 하고, 어떤 단백질에 약간의 변이를 일으킴으로써 일을 시키고 있습니다. 가지고 있는 소재에 대수롭지 않은 변이를 살짝 일으켜 새로운 기능을 계속 만들어 왔습니다. 생명은 유전자 레벨에서 신경조직에 이르기까지, 전부가 브리콜라주를 원리로 진화해 왔습니다. 그 끝에 인류의 뇌가 출현한 것입니다.

그리고 그 인류의 뇌가 만들어 내는 문화 현상 역시 '자연스러운 상태'에서는 브리콜라주의 원리에 의해 창조적인 일을 해왔습니다. 여기에서 뉴런계와 마음계를 잇는 첫 번째 고리가 보이기 시작합니다. 뉴런계도 마음계도 모두 이른바 고물의 재이용이라는 방식으로 진화와 창조를 실현해 왔습니다. 두 계통 사이에는 작동의 뚜렷한 공통성이 발견됩니다.

여기에서 뉴런계 활동과 마음계 활동 사이에 수학에서 말하는 '동형성(isomorphism)'이 존재할지도 모르겠다는 추측이 생깁니다. '물질'과 '마음'은 직접 연결되어 있는 것이 아니고(만약 직접 연결되어 있다고 한다면 유물론이나 유심론이 되고 맙니다), 카테고리가 다른 것들 사이에 존재하며 서로 작용하는 '동형성'을 매개로 서로 이어져 있는 것은 아닐까, 하는 생각이 여기에서 떠오르기 시작합니다.

5 _____

20세기의 사상가 가운데 이 같은 전망을 가지고 있던 인물이, 내가 알기로 두 명이 있습니다. 한 명은 앞서 이야기에 나왔던 인류학자인 레비-스트로스, 다른 한 명은 경제학자인 하이에크(Friedrich Hayek)입니다.

레비-스트로스는 인간의 정신 구조를 탐구한 사람입니다. 정신에서는 이항대립의 시스템이 중요한 작용을 하지만, 최근의 생명과학 연구에 의해 같은 원리가 시각 메커니즘 안에서도 이미 작동하고 있음을 알게 되었습니다. 시각세포가 밝음/어두움, 위에서 아래로의 운동/아래에서 위로의 운동, 직선 운동/사선 운동 등과 같은 이항대립을 사용하여, 보이는 세계의 분류를 하고 있다는 것입니다. 즉, 시신경으로부터 전달되는 무질서한 정보를 뇌가 이항대립 시스템을 사용하여 분류·정리하는 것이 아니라, 시각 뉴런의 단계에서 이미 시작된 분류의 작업을 뇌는 그저 이어받아 완성하고 있는 것에 지나지 않는다고 할 수 있습니다. 정신과 신체는 이와 같은 '동형'의 메커니즘을 통해 서로 깊게 연결되어 있습니다. 그것을 레비-스트로스는 『신화논리 Ⅳ』 등에서 강조하고 있습니다.

하이에크의 탐구는 한발 더 나아갔습니다. 하이에크는 오늘날 '신자유주의의 기수'라고 불리기도 하는 경제학자·사상가인데, 젊은 시절의 착상을 발전시켜 『감각적 질서』(1952)라는 책을 썼습니다. 그 착상을 품었을 당시 그는 아직 학생이었다고 하니까 1910~1920년대의 시기였을 터입니다. 라몬 이 카할(Santiago Ramón y Cajal)이라는 스페인의 천재 생리학자에 의해 겨우 뉴런의 존재가 밝혀지고 있던 시대의 일입니다.

전자현미경의 활용은 1950년대까지 기다려야 하니, 그보다도 훨씬 전의 이야기입니다. 그 당시의 신경과학 지식을 총동원하여, 하이에크는 뇌의 신경과정과 사회며 법률이며 그곳에 움틀 수밖에 없는 자유 같은 것을 통일적으로 이해하기 위한 방법을 찾고자 했습니다.

『감각적 질서』라는 책은 매우 중요한 연구를 담고 있습니다. 그러나 하이에크 연구자 중에도 이 책을 탐구하려는 사람은 적고, 최근에는 그다지 읽히지 않습니다. 하지만 이는 하이에크의 연구 중에서도 특히 심오한 것으로, 신경과학이 발달한 현대에 새롭게 다시 읽혀야 할 책이라고 생각합니다. 그 중요성은 앞으로 점점 더 많은 사람이 알게 되리라 생각합니다.

하이에크의 생각은 이렇습니다. (당시의) 신경과학이 가르치는 것처럼 뇌 안에서는 뉴런과 시냅스를 통해 전위의 변화와 전류에 의한 발화가 끊임없이 일어나고 있는 것에 불과합니다. 뇌 안의 뉴런계를 관찰하여도 분자와 전자의 운동이 일어나고 있을 뿐으로, 양적 물리과정이 보일 뿐, 그곳에서 감각의 질과 같은 것이 어떻게 발생할 수 있는지는 전혀 보이지 않습니다. 신경조직이 있는 모든 생물은 자신이 인지하는 세계 안에 질적인 차이와 의미를 찾아냄으로써 생존을 가능하게 하지만, 분자와 전자의 물질과정에서 그것은 어떻게 발생되는 것일까요.

이 물음은 뉴런계와 마음계의 연결을 찾으려 하는 우리의 질문과 같은 것입니다. 하이에크는 당시 독일에서 발달한 게슈탈트 심리학의 지식창고 안에서 '동형'이라는 개념을 빌려와 돌파를 꾀했습니다. 동형은 구조를 가진 집합 사이의 관계를 표현하는 것입니다. 카테고리가 다른 사물 사이에 동형이나 준동형(homomorphism)의 관계가 발견될 때, 그들 사이에 확실한 연결을 발견할 수 있다는 개념입니다. 이 동형이나 준동형이 있으면, 서로 다른 카테고리 사이에는 마구잡이식이 아닌 정보 전달이 이루어져, 이쪽의 구조를 저쪽의 구조로 모조리 옮길 수가 있습니다.

만약 뉴런계에서 발견되는 패턴이 마음계에서 발견되는 패턴과 동형 내지 준동형을 보인다면, 그 둘 사이에는 정보의 운반이 이루어져, 전자의 구조가 후자의 구조로 어느 정도 전사(轉寫)되고 있다고 생각할 수 있습니다. 하이에크는 여기에서, 감각 뉴런에 일어나는 단순한 전기 현상의 패턴에서 감각의 질의 차이가 생기고, 여러 단계의 계층을 뛰어넘는 패턴 전사를 거쳐 언어나 사회 같은 문화 구조의 패턴도 발생시킨다고 생각하여, 그 과정을 치밀하게 그려내려고 하였습니다.

그가 나중에 전개하게 되는 '자생적 질서'의 아이디어가 여기에서 생겨납니다. 감각의 레벨에서 법이나 종교의 레벨에 이르기까지, 인간은 복잡한 계층성을 가진 질서의 구조체로 이루어졌지만, 각 계층의 질서는 패턴의 반복으로부터 만들어집니다. 그리고 계층마다 서로 다른 패턴 사이에는 일종의 동형성이 발견됩니다.

"뉴런의 내부를 빠르게 움직이는 전자의 발화에는 패턴이 있고, 그 패턴의 반복 속에서 감각의 '분류'가 이루어진다. 밝음/어두움, 위쪽/아래쪽, 흰색/검은색 등의 분류는 감각 뉴런이 패턴 인식을 통해 스스로의 능력으로(자생적으로) 발생시키고 있다. 그 패턴 인식에 대한 정보가 보다 상위의 계층에 동형성을 통해 운반되어 간다. 이러한 방식으로 뉴런계와 마음계는 서로 연결되고 통일되고 있다." 이와 같은 하이에크의 생각은 유물론이나 유심론을 뛰어넘는, 새로운 형태의 물심통일론을 지향한다고 볼 수 있습니다.

6 _____

하이에크와 레비–스트로스의 논의 가운데에서 중요한 것은 뉴런계가 원초적인 '분류'의 능력을 가지고 있다는 것이었습니다. 시신경의 예는 이미 이야기하였습니다. 뇌가 정보처리를 하기 이전에, 이미 눈 속의 시신경을 만드는 뉴런이 기본적인 분류를 끝마쳐 두기 때문에, 뇌는 이미 대강의 분류가 끝나 있는 정보에 동형의 처리를 더하기만 하면 됩니다. 이때 뉴런은 어떤 방식으로 감각의 분류를 할까요.

하이에크의 생각이라면, 같은 전기적 발화 패턴을 포함한 정보가 몇 번이고 반복하여 뉴런 안을 빠르게 움직이고 있는 동안에 그것들은 '동일한 것'으로서, 한 덩어리로서 분류되게 됩니다. 그 '동일한 것'은 다시 그 내부에서 더욱 작은 패턴의 반복을 기초로 한 분류가 더해져 분류의 내부에는 계층성이 생기게 됩니다. 그렇게 하여 감각의 레벨에 만들어지는 계층성 있는 분류에, 그것과 준동형인 언어에 의한 분절이 덮어 씌워집니다. 그렇게 하면 시신경이 지각하고 있는 감각과 언어에 의한 분절이 구조로서 일치하게 되어, 현실의 질서와 언어가 만드는 질서 사이에 적절한 대응관계가 생기게 됩니다. 그렇게 되면 '물질'과 '마음'은 직접적 인과관계가 아니라, 구조에 대한 정보를 옮기는 작용을 매개로 서로 이어지게 됩니다.

현대 신경과학의 지식을 기초로 하여, 이 과정을 좀 더 자세히 알아보겠습니다.

지금부터 100년 가까이나 앞서 라몬 이 카할에 의해, 뉴런은 하나로 연결되어 있는 것이 아니라, 그 사이에 미소한 간극을 둔 여러 뉴런의 비연속적인 연결로 이루어졌다는 사실이 발견되었습니다. 그 간극이 시냅스

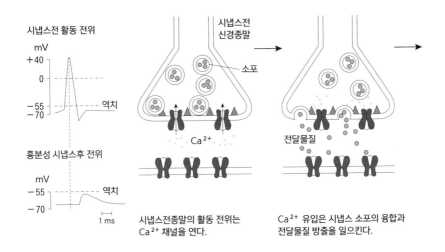

시냅스전 활동 전위

mV
+40
0
−55
−70

역치

시냅스전
신경종말

소포

Ca²⁺

흥분성 시냅스후 전위

mV
−55
−70

역치

전달물질

1 ms

시냅스전종말의 활동 전위는
Ca²⁺ 채널을 연다.

Ca²⁺ 유입은 시냅스 소포의 융합과
전달물질 방출을 일으킨다.

(출전) 에릭 캔델 , 래리 스콰이어 『기억의 비밀』.

이고, 이 간극에 정보전달물질이 방출됨으로써 차례차례로 뉴런 사이에 정보가 전달되는 구조입니다. 시냅스는 가소성이 큽니다. 전달물질을 대량으로 방출하기도 하고 방출을 줄이기도 하면서 뉴런의 발화를 제어합니다. 이 시냅스 가소성이 생명의 복잡한 반응과 활동을 가능하게 합니다.

그 구조는 오늘날에는 다음과 같이 해명되었습니다. 뉴런을 타고 온 활동 전위가 시냅스의 끝(전종말)에 도달하면, 칼슘 이온(Ca²⁺)에 대응하는 막 채널이 열리고 대량의 Ca²⁺가 급속히 흘러듭니다. 이에 의해 전달물질의 방출이 일어나면, 전달물질은 시냅스 간극을 횡단하여 건너편의 시냅스 세포를 향해 확산합니다. 시냅스후 세포는 전달물질을 받아들여 흥분성의 전위를 일으키고, 이것이 세포에 활동 전위를 발생시킵니다. 이때 시냅스는 지극히 유연하게 반응하여 큰 가소성을 발휘합니다(그림 참조).

뉴런계가 하는 '분류'에서 이 시냅스 가소성이 중요한 작용을 합니다. 동일한 패턴의 자극이 반복되면, 시냅스로부터 방출되는 전달물질을 억제하여 뉴런의 발화를 멈추고, 마치 아무 일도 없었던 듯이 그 자

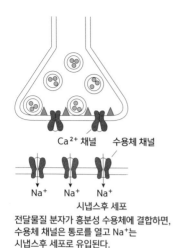

Ca²⁺ 채널   수용체 채널

Na⁺   Na⁺   Na⁺
시냅스후 세포

전달물질 분자가 흥분성 수용체에 결합하면,
수용체 채널은 통로를 열고 Na⁺는
시냅스후 세포로 유입된다.

극을 무시하는 경향이 있습니다. 이를 '순응'이라고 합니다. 뉴런의 '적응' 같은 것입니다.

이는 유명한 군소 실험에서 밝혀졌습니다. 군소의 몸의 민감한 부분을 콕콕 바늘로 찔러 자극을 줍니다. 처음에는 질겁하며 군소는 깜짝 놀랍니다. 이 콕콕 찌르기를 몇 번이고 반복하면 '괜찮아 아무것도 아니야, 아무리 찔러도 상관 안 해, 계속 더 해도 돼'라는 태도를, 군소는 취하게 됩니다. 맨 처음의 자극에는 깜짝 놀라 반응하지만, 몇 번이고 같은 패턴의 반복을 겪으면 아주 익숙해져 그 자극을 무시하게 됩니다. 시냅스에서 전달물질의 방출을 멈춤으로써 이 같은 순응이 일어납니다. 신경과학자는 이를 기억의 시작으로 주목하고 있습니다.

시냅스 가소성이 만들어내는 이 과정은 매우 중요한 의미가 있습니다. 이 과정에 의해 뉴런계에 '카테고리'가 만들어지기 때문입니다. 카테고리는 비슷한 것을 한 덩어리로 만든 것입니다. 감각 뉴런에서 동일한 패턴을 계속 보내면, 뉴런 스스로가 그것을 무시하여 '0'으로 취급하려고 합니다. 그렇게 하면 비슷한 발화 패턴 중의 비슷한 부분을 전부 '0'으로 취급함으로써, 비슷한 것이 하나의 카테고리로 묶입니다. 뉴런계는 이렇게 하여 물질과정 속에서 감각의 자연스러운 분류 체계를 만드는 것입니다.

일체를 분류 카테고리에 수납함으로써 뉴런계에는 적당한 '망각'의 능력이 생기게 됩니다. 자신이 지각한 모든 자극을 기억하는 초인적인 기억능력을 가진 사람을 상상해 보십시오. 이 능력이 뉴런계에까지 미친다고 하면, 그 사람의 뉴런은 순응을 전혀 하지 않는다는 뜻이므로, 감각 세계에는 카테고리라는 것이 형성되지 않겠지요.

생물은 이 적당한 망각능력에 의해 환경 세계를 감각적으로 분류하고, 카테고리를 형성하고, 환경에 적응하는 행동이 가능하게 되었다고도 말할 수 있습니다. 시냅스 가소성에 의해 뉴런계에서의 감각 분류와 카테고리 형성이 이루어지는데, 그때 뉴런이 행하는 순응의 작용에 의해 '0'이 발생했다는 것을 주목하기 바랍니다.

공통성을 가진 것을 '동일한 것'으로 인식하여 하나로 묶는 카테고리가 생길 때, '0'이 활동을 시작한 것입니다. 이 '0'은 개념화된 것이 아니고, 뉴런계의 물질과정 안에서 저절로 발생하는, 개념 이전의 '0'입니다. 인간은 후에 그 작용을 '0'이라는 개념으로 자연의 내부에서 끌어내게 되는데, 그것은 인간의 마음이 이미 '0'의 작용에 의해 가동하고 있고 무의식적으로 그 존재를 알고 있기 때문입니다. 여기에서도 뉴런계와 마음계의 동형성을 발견할 수가 있습니다. 뉴런계도 마음계도 '0'의 기초 위에 형성되어 있는 것입니다.

7 _____

동형 메커니즘을 인간의 마음계에서도 발견할 수 있습니다. 우리의 마음은 메타포(은유)와 메토니미(환유)를 조합한 '아날로지(유추)'의 작용에 의해 움직입니다. 아날로지는 비슷한 것을 연결시키는 능력입니다. 두 개의 사물이 있다고 합시다. 그 두 가지에 공통되는 부분이 있으면, 그 공통 부분을 사이에 두고 둘은 아날로지에 의해 연결됩니다.

인간이 사용하는 언어에서 메타포와 메토니미를 없애 버리면, 뼈와 가죽만 남듯 단어와 통사법밖에 남지 않습니다. 단어라는 단어는 제각각 독립해 버리고, 단어를 통한 연상도 일어나지 않기 때문에 이미지의 움직임도 일어나지 않습니다. 인지언어학자의 연구에 따르면, 오늘날 인간이 사용하는 언어의 80% 이상이 어떤 형태로든 비유의 작용에 의지하고 있다고 합니다. 그뿐만 아니라 인간의 언어적 기능의 사용법에서 가장 추상적이라고 여겨지는 수학조차도 메타포의 힘을 빌리지 않으면, π도 e(네이피어)도 '연속성'도 '무한'도, 아니 어떤 개념이든 공식이든 이해하는 일이 불가능하다고 할 정도입니다(레이코프, 누네스 『수학의 인지과학』).

언어의 심층에서 움직이고 있는 마음의 작용, 즉 '무의식'도 메타포와 메토니미와 완전히 '동형성'의 메커니즘으로 작동합니다. 이는 프로이트의 발견과 관계가 있습니다. 프로이트는 마음의 작용을 언어적인 '이차과정'과 전언어적(前言語的)이고 욕동적(欲動的)인 '일차과정'으로 구분하여 생각하였는데, 이 중에서 보다 원시적인 일차과정은 다른 이미지를 서로 겹치는 '메타포' 작용과, 이미지를 움직임으로써 의미를 발생시키는 '메토니미' 작용의 결합으로 이루어졌다는 것을 밝혀냈습니다. 메타포에 대해서는 이해하기 쉬울 것입니다. 메토니미는 '돛'의 영상을 보면 바로 '요트'의 영상이 떠오르듯이, 부분에 의해 전체를 나타내는 비유의 작용을 말합니다.

프로이트는 이렇게 생각하였습니다. 다른 사물을 서로 겹치는 '압축'에 의해 의미를 만들어 내는 메타포와, 옆으로 비키는 '이동'에 의해 의미를 만들어 내는 메토니미에 의해, 무의식은 질서 있게 움직인다고 보았습니다. 그 움직임은 통사법에 따라(시간 축을 따라) 사물에 질서를 부여하는 언어와는 다른 유동성을 가지고 있으므로, 무의식은 분방하게 움직이는 듯 보이지만 실제로는 무의식도 의식도 아날로지를 기초로 활동한다는 것입니다.

마음의 심층 레벨에서는 대상물을 개체로 인식하지 않습니다. 늘 다른 별개의 것과 겹치거나(메타포) 의미의 이동을 하면서(메토니미), 아날로지적으로 사고를 이어갑니다. 우리가 사고를 할 수 있는 것도 무의식이 아날로지적으로 움직이고 있기 때문에 비로소 가능하게 되었고, 순수하게 합리적인 사고 같은 것은 행해진 유례가 없다고 보는 것이 프로이트의 사상이었습니다.

그러므로 우리가 사용하는 언어의 아래에는 그와 동형성의 관계에 있는 무의식이 달라붙어 있고, 서로 동형이면서 작동이 다른 두 가지 메커니즘의 결합으로 우리의 정신활동은 이루어지고 있는 것이 됩니다. 꿈이며 정신질환이며 모든 창조적 행위에서는 이 가운데 무의식적 메커니즘 쪽이 표면 가까이 떠올라 있지만, 일상생활에서는 언어구조가 표면을 지배하고 있는 것이 됩니다. 하지만 둘의 구조는 서로 'morphism'의 관계에 있기 때문에 매우 순조롭게 상호 이동이 가능하여 꿈에서 각성으로, 상상에서 현실로, 창조적 비등에서 일상적 평정으로와 같이 인간의 정신은 빠르게 기어 체인지를 하여, 사용할 마음의 장치를 바꾸는 일이 가능합니다.

인간의 무의식을 만드는 이 메타포와 메토니미라는 두 개의 구조가, 그와 '동형'인 의식의 작용과 하나가 되어 활동하고 있는 언어 안에서 어떻게 나타나는가, 이에 대해 좀 더 자세히 설명해 보겠습니다.

언어학은 현재 인류가 사용하는 모든 언어가 통사법의 축인 '신태그마(syntagma) 축'과 의미의 축인 '패러디그마(paradigma) 축'의 조합으로 이루어졌다는 것을 밝혀 왔습니다. 이 가운데 호모 사피엔스에서는 패러디그마 축이 매우 광대한 공간을 펼치고 있습니다. 어쩌면 네안데르탈인과 같은 구인에서 신인으로의 진화가 일어났을 때, 뇌 내의 신경조직은 이 패러디그마 축의 공간이 폭발적으로 확대될 수 있는 방향으로 조직의 재조합(브리콜라주적 재조합)을 실행한 것이라고 생각합니다. 그 덕에 메타포 능력이 비약적으로 확대되었을 것이라고 추리할 수 있습니다.

언어에 통사법의 구조가 있기 때문에, 우리는 외계에서 일어나는 현실 세계의 모습과 거의 '동형'인 표현을 마음 안에 만들 수가 있습니다. 인류의 언어는 S+V+O(주어+동사+목적어)라는 심층에 있는 보편적인 통사 구조를 다양하게 변형하면서 자유롭게 전개해 왔습니다. 이 통사구조는 현실 세계에서 벌어지는 일의 구조와 대체로 '동형'의 관계에 있습니다.

그 때문에 수렵민이 눈앞에서 달리는 사슴을 보고 '사슴이 달린다'고 말하는 것이 가능합니다. 이는 S+V의 구조이지만 실제로 '사슴'이 '달려간다'는 현실에서 벌어지는 일의 구조를 재현해 놓았습니다. 화살을 쏘려고 할 때는 '나(S)는 사슴(O)을 쏘다(V)'라고 말하면, 주위 사람들도 그 사람의 의도를 정확히 이해합니다.

언어의 신태그마 축은 현실 세계의 구조와 대응하는 표현을 가능하게 해줍니다. 네안데르탈인이 통사법을 발달시킨 언어를 이미 가지고 있었을 것이라는 사실은 그들이 이미 충분히 발달한 가족과 수렵 집단을 만들었던 것으로부터도 추측할 수 있습니다. 그들은 언어에 의한 사회적 커뮤니케이션을 발달시켰을 것입니다. 그러나 구인에게는 종교와 예술이 없었습니다.

종교도 예술도, 신인인 호모 사피엔스의 출현과 동시에 발생했습니다. 나는 그 이유를 메타포적인 패러디그마 축의 확대 속에서 찾으려 했습니다(나카자와 신이치 『카이에 소바주』 등). 아날로지 뇌로 진화하고, 통사법적 신태그마 축에 메타포적 패러디그마 축을 결합한, 지금과 같은 언어가 만들어짐과 동시에 새로운 문화로의 폭발적인 비약이 일어났다고 생각할 수 있습니다.

흥미롭게도 구인에서 신인으로의 진화와 함께, 인류의 뇌 용량의 극적인 감소가 일어났습니다. 뇌의 스펙이 줄었음에도 불구하고 능력이 상승했다는 것은 정보를 감축할 수 있는(압축할 수 있는) 새로운 타입의 회로가 신경조직 안에 생겼다고 볼 수 있습니다. 이 정보 감축의 능력은 메타포적 회로의 출현과 관계가 깊습니다.

메타포는 다른 것을 겹쳐서 의미를 압축하는 메커니즘에 따릅니다. 다르지만 공통하는 부분이 있는 것을 늘어놓고, 그 가운데 공통되는 부분을 무시합니다. 혹은 정보로서 '0'으로 취급합니다. 그렇게 하면 두 개의 의미의 중첩이 생기고, 정보로서는 0으로 다루어지는 부분에서 새로운 의미가 발생하게 됩니다. 이와 같이 메타포는 정보를 감축하고 동시에 새로운 의미의 발생을 촉진시킵니다. 달리 말하면 인간은 매번 오래된 의미를 망각하고, 새로운 의미의 발생·증식을 촉진한다고도 할 수 있습니다.

마음계의 인지에 있어서는 세계를 분류하는 카테고리화 작업 그 자체가 이 메타포의 기능에 의지하고 있습니다. 카테고리화가 일어날 때, 공통하는 패턴을 0으로 간주하는 감축이 일어나고, 여러 가지의 것들이 한 덩어리가 됩니다. 분명 여기에는 뉴런계에서 이루어지고 있는 감각정보의 분류작업과 완전히 '동형'인 과정이 일어납니다.

시냅스가 그 가소성을 이용하여 행하고 있는 뉴런계에서의 카테고리화의 구조와, 마음계가(그 일차과정과 이차과정에서 공통하여) 사용하고 있는 아날로지적 기구의 구조는 놀라울 정도로 꼭 닮았습니다. 그 모습을 보고 있으면, 뉴런계에 생긴 구조를 브리콜라주 방식으로 재조합한 곳에 마음계가 형성되는 것이라고 어떻게든 믿고 싶어집니다.

마음계가 발생하는 데에 다른 우주로부터의 도움은 필요하지 않습니다. 지구의 자연사 안에 태어난 생명, 그 생명의 내부에 만들어진 신경조직, 이러한 것이 있다면 생명 안에 마음은 생겨 날 수 있기 때문입니다. 자기 자신이 브리콜뢰르가 되고 잡동사니를 소재로 사용하여, 지구는 호모 사피엔스의 마음계를 만들어 낼 수가 있습니다.

8 _____

정말 신기하게도 지금까지 이야기한 내용을 벌써 수학에서 '호몰로지(Homology)'로서 다루었다는 것입니다. 푸앵카레(Jules-Henri Poincaré)에 의해 착상되고, 20세기 후반에는 이미 완성 단계에 도달하여, 이제는 '범주론(Category Theory)'이라는 새로운 수학으로 진화하려 하는 수학의 이론이 그것입니다.

이 이론은 생물학, 신경과학, 하이에크, 구조인류학과도 전혀 관계없이, 순수하게 수학 안에서만 만들어졌습니다. 그렇게 형성된 순수 수학의 이론이 마음의 본질을 찾는 시도가 끌어내고자 하는 것을 이미 다 표현하고 있습니다. 이러한 일이 아인슈타인의 일반상대성이론과 리만(Bernhard Riemann) 기하학의 관계처럼, 사이언스(학문)의 영역에서는 종종 일어납니다.

호몰로지의 생각은 뉴런계와 마음계가 행하는 기초적인 인식활동을 있는 그대로 자연스럽게 꺼내왔다고 볼 수 있습니다. 호몰로지는 세계를 '나눗셈'으로 보는 수학이라고 할 수 있습니다. V에서 W로 전달되는 정보

중, W로 가면 사라져 버리는(0이 되는) 정보는 처음부터 무시하는, 정보 감축의 프로세스로서 세계를 보려고 하는 그 조작을 V/W라는 나눗셈으로 표현합니다. 한 수학자는 그것을 이렇게 표현하였습니다.

(호몰로지 V/W로서 인식된 세계는) V를 벡터 공간으로 하고, V의 세계에서 W라고 하는 방향을 전혀 감지할 수 없는 생물이 보는 세계이다. 다시 말해 V의 성분인 v는 W에 포함될 때에는 영벡터가 되고, V의 두 개의 성분 v1과 v2는 그 차가 W에 포함되어 있을 때에는 구별이 되지 않는다(동일하다)고 약속하여 얻을 수 있는 집합이 V/W이다.

(안도 데쓰야 『코호몰로지』)

구체와 같은 삼차원 물체의 표면을 걷고 있는 이차원 생물(이차원의 사물만 감지하는 생물)에게 구면은 끝없이 이어지는 평면으로밖에 느껴지지 않겠지요. 구체의 표면이 아무리 기울어져 있어도, 이차원 생물에게는 분간할 수 없는 동일한 평면으로 인식됩니다. 이와 같이 V/W라는 호몰로지는 생물의 지성의 상태를 자연스러운 형태로 표현합니다. 인간도 포함하여 모든 생물이 그와 같은 호몰로지의 방식으로 세계를 인식하고 있습니다.

호몰로지는 뉴런계에도 마음계에도, 자연스러운 형태로 적용할 수 있는 수학입니다. 생물은 감각 뉴런에서 이미 정보의 감축을 하고 있습니다. 뉴런 발화에 나타나는 동일한 패턴의 반복을 무시하는(0으로 간주하는) 것으로 감각영역에 카테고리를 형성하고, 더 나아가 기억의 기초를 다집니다. 말하자면 신경회로 전체가 호몰로지를 알고리즘으로 하여 움직이고 있는 것입니다.

또한, 아날로지를 사용하여 활동하는 인간의 마음은 일차과정에서도 이차과정에서도 정보의 압축과 이동을 끊임없이 함으로써 사고를 합니다. 아날로지적 사고는 호몰로지로서 이해할 수 있습니다. 그렇기 때문에 뉴런계와 마음계 양쪽에서 호몰로지가 본질적인 알고리즘으로서 작용하고 있는 것이 됩니다. 아마 뉴런계와 마음계의 중간에 형성되어 있는 중층적인 여러 기구들도, 호몰로지적 메커니즘을 이용하고 있을 것입니다.

호몰로지에서는 다음과 같은 도식을 흔히 사용합니다.

$$\cdots \to M \to N \to L \to \cdots$$

이 도식은 일정 지역의 '주민'인 M, N 등의 사이에서 정보가 전달되어 가는 모습을 나타냅니다. M에서 N으로 가는 과정에서 얼마만큼의 정보가 전해지고, 얼마만큼의 정보가 0이 되는지를 보이고 있습니다. 이 도식을 보고 있으면, 나 같은 사람은 화살표가 하나의 뉴런을 나타내고, M이나 N 등이 시냅스를 상징하고 있는 듯 생각하게 됩니다. 시냅스 가소성은 시냅스 간극에서 얼마만큼의 정보가 그대로 전해지고, 얼마만큼의 정보가 차단되는지를 나타내는 개념이기 때문에, 이는 호몰로지와 꼭 닮아 있다고 하지 않을 수 없습니다. 게다가 호몰로지가 문제로 삼고 있는 것과 뉴런계의 기능이 실현하고자 하는 것은 놀라울 정도로 흡사합니다.

이 같은 의미에서도 호몰로지는 생물의 생명활동에 밀착한 자연스러운 수학이라 말할 수 있습니다. 범주론에 이르러서는 그것이 더욱 강하게 의식됩니다. 20세기 후반에는 이러한 '자연스러운 수학'의 추구가 발달하였습니다. 내 입장에서는 수학을 자연과학이라고 생각해야 할지 인문학의 일부라고 간주해야 할지, 아직도 잘 모르겠습니다. 하지만 호몰로지나

범주론의 예를 보아도 알 수 있듯, 수학이 오늘날 점점 뉴런계와 마음계, 자연과학과 인문학을 잇는 고리 역할을 하게 되었음은 틀림없습니다.

참 이상하지요. 수학자는 모두 잠재적으로는 플라톤주의자입니다. 그들은 현실 세계의 일은 거들떠보지도 않고, 뇌 안의 '이데아' 세계에서 일어나는 놀라운 광경을 들여다보고 있습니다. 그러나 호몰로지나 범주론의 예를 보아도 알 수 있듯이, 그렇게 해서 뇌 안에서 끄집어 낸 수학이 마음계의 움직임만 표현하는 것이 아니고, '이데아'의 대극인 '물질' 세계의 뉴런계 활동까지도 표현하는 듯하다고 하면, 도대체 수학이란 무엇일까 하는 생각이 듭니다. 이 점도 '물질'과 '마음' 사이에 자연스러운 연결이 분명히 존재할 것이라는 확신을 강하게 만듭니다.

9 _____

호몰로지에서는 늘 0공간이 생성됩니다. 아니 처음부터 세계를 0공간의 기초 위에서 생각하는 것이 호몰로지라고도 말할 수 있습니다. 이를 신경과학적으로 바꾸어 말하면, 생물은 신경조직 안에 호몰로지 작용을 하는 회로망을 만들어 두고, 그 회로에 의해 '잠재적으로는' 0공간을 끊임없이 만들어 내는 것입니다. 생물이 행하는 감각세계의 분류며 카테고리화며 기억화의 깊은 곳에, 0공간이 잠재하여 활동하고 있습니다. 그 0공간을 실체로서 꺼낼 수는 없겠지만, 그곳에서 호몰로지의 기구가 기능하는 이상 0공간이 형성되어 있음은 분명합니다.

뉴런계에 브리콜라주식 개편을 더해간 끝에 출현하는 마음계도 호몰로지적 작동을 합니다. 특히 호모 사피엔스의 경우, 그것은 아날로지(유추)라고 하는 완성도 높은 메커니즘으로 움직입니다. 당연히 그곳에는 0공간이 큰 작용을 합니다. 0공간은 호모 사피엔스의 출현 이래 그 뇌에서 쭉 작동해 왔지만, '0'이라는 개념으로서 대상화하기까지는 긴 세월이 필요했습니다.

뉴런계의 작동을 지탱하는 0공간과, 마음계의 작용을 만들어 내는 0공간은 호몰로지적 작동을 낳기 위해서는 둘 다 비슷한 작용을 합니다. 그러나 그 '내부 구조'에는 큰 차이가 있습니다. 0에도 내부 구조가 있어서, 그 차이가 뉴런계의 0과 마음계의 0으로 차이를 만들어 내는 것입니다. 오늘 이야기의 앞부분에서 마음계에는 뉴런계로 환원하는 것이 불가능한 것이 있다고 했던 것은, 사실은 이 0공간 내부 구조의 차이에 원인이 있다고 생각됩니다.

이에 대해 군소의 순응 반응과 인간의 마음이 행하는 고도한 표현을 비교하면서 구체적으로 살펴보겠습니다. 민감한 부분을 찔린 군소는 처음에는 깜짝 놀라 황급히 아가미를 움츠리는 반응을 합니다. 하지만 점차 같은 자극 패턴에 익숙해지면, 시냅스 간극에 방출되는 전달물질의 밸브를 조여서 뉴런 사이의 연결을 막아버립니다. 그렇게 되면 그때부터는 더 이상 정보가 전혀 전해지지 않게 됩니다. 문자 그대로 이 '0'은 없음을 뜻하는 '0'이 되고, 전달물질이 방출되어 정보가 흐르는 상태인 '1'과 조합되어 뉴런계 디지털 신호를 형성합니다.

그러나 마음계의 '0'에서는 그와는 다른 일이 일어납니다. '0'에 내부 구조가 있고, 이 구조가 있는 '0공간'을 매개로 새로운 의미의 증식이 일어납니다. 뉴런계에서도 마음계에서도 '0공간'이 기능함으로써 분류나 기억이 가능하게 되지만, 마음계에서는 내부 구조가 있는 '0공간'을 빠져 나올 때마다 정보 사이에 새로운 메타포 결합이 생깁니다.

유명한 초현실주의 시를 예로 들어 그 모습을 살펴보겠습니다.

해부대 위에서의, 재봉틀과 우산의 우연한 만남처럼 아름답다.

(로트레아몽 『말도로르의 노래』)

이 시에는 아날로지가 기능하기 위해서는 '0공간'의 존재가 필요하고, 그 '0공간'이 언어의 결합에 자유와 구속의 법을 초래한다는 것을 말하고 있습니다. 세계는 아름답다. 그것은 해부대 위에서 우연히 만난 재봉틀과 우산의 조합처럼 아름답다고 시인은 이야기합니다. 이 시를 구성하는 비유에서는 '해부대'가 '0공간'에 해당합니다. 금속성 빛을 발하고 매끈매끈하고 아무것도 놓여있지 않은, 균질한 거울 같은 해부대. 전혀 의미를 발생시키지 않을 듯한 그 '0' 위에서, 재봉틀과 우산이 어떤 전제도 예고도 없이 누군가가 계획한 것도 아니고, 전적으로 우연히 만난 것입니다.

언뜻 보면 재봉틀과 우산은 완전히 자유롭게 이 해부대라고 하는 '0공간'에서 만난 것처럼 보입니다. 하지만 '0공간'에는 내부 구조가 있고, 그곳에는 사물을 보통과는 다른 방식으로 연결시키는 구속성이 작용합니다. 재봉틀과 우산 사이에는 대립을 내포한 교감(correspondence)이 존재하고, 그에 의해 무중력의 자유로운 '0공간' 안에서 서로를 자신에게 가장 어울리는 비유의 상대라고 인정하고, 서로 끌어당기는 신기한 구속성이 작용하는 것입니다.

재봉틀과 우산에는 공통점과 차이점이 있습니다. 양쪽 모두 뾰족한 끝을 가지고 있습니다. 재봉틀에는 바늘이 있고, 우산에는 비를 향해 내민 뾰족한 쇠로 된 끝이 있습니다. 그러나 재봉틀이 천을 통과해 지나가는 데 비해, 우산은 천으로 비를 막는다는 부분은 반대의 작용을 보입니다. 재봉틀과 우산 사이에는 대립을 포함한 상관관계가 있습니다. 그러한 상대를 아날로지 사고가 움직이는 '0공간' 안에서 발견하여, 이것이야말로 내가 찾던 상대다! 하고 기뻐하며 결합해 갑니다. 여기에는 자유와 구속이 동시에 작용합니다. 이것이 '우연'의 본질이다! 그렇게 로트레아몽은 말하고 싶은 것이겠지요. 사람들이 최상의 가치인 듯 말하는 자유 같은 것도, 절대적 우연이 부과하는 구속 없이는 아무것도 아니라고, 이 격렬한 시인은 말하는 것입니다.

여기에 뉴런계 호몰로지와 마음계 호몰로지의 본질적인 차이가 있습니다. 어느 쪽도 '0공간'의 작용 없이는 활동할 수 없습니다. 그러나 뉴런계 '0공간'에는 내부 구조가 없고, 따라서 생산성과 증식성이 없습니다. 그에 비해 마음계 '0공간'은 내부 구조가 있고, 독특한 결합 법칙이 있기 때문에 새로운 의미의 생산·증식을 일으킬 수 있습니다. 물질과 마음의 차이는 주로 여기에서 드러납니다.

생산성을 가진 '0공간'은 인간의 마음속에서만 작용하고 실체로서 꺼낼 수는 없습니다. 그러한 것은 존재하지 않습니다. 하지만 그 비존재는 마음의 움직임에 작용하는 작용소가 되어, 의미의 세계에 끊임없이 변신 (metamorphose)을 실현하고 완성된 세계의 고정성을 뒤흔들어, 그곳에 자유를 끌어들이는 힘이 있습니다.

뉴런계에 새로운 결합을 일으키는 단백질이 만들어지고, 새로운 회로가 형성되는 돌연변이가 일어났을 때, 그 단백질의 정보를 유전자 속에 심어 넣음으로써 마음계를 가진 인류로의 호모 사피엔스의 진화는 일어난 것이겠지요. 이 진화는 주로 뉴런계와 마음계에 공통하는 호몰로지 구조에 일어나고, 그 구조를 가능하게 하는 '0공간'의 내부 구조를 단숨에 풍성하게 하는 변화가 일어났습니다. 아무래도 '0'이 인간 마음의 비밀을 쥐고 있는 모양입니다.

10 _____

　마지막으로는 아무래도 불교에 대해 말하지 않을 수 없습니다. 게다가 이 화제는 교토마음회의가 추구하는 것과도 어울리겠지요. 불교는 무려 2,500년 전에 모든 의식작용(마음)을 가진 존재를 '유정(有情)'이라 부르고, 유정의 마음의 본질을 '공(空)'으로 인식하였습니다. 불교는 모든 심적 현상의 해명을 목표로 했지만, 그러한 심적 현상의 밑바탕에는 0이 없어서는 안 된다고 생각했던 것입니다.

　공, 슈냐[1], 즉 0입니다. 숫자의 0이라는 개념을 발견한 것은 인도인이었다고 합니다. 0이라는 숫자도 슈냐입니다. 숫자 0과 공에는 공통성이 있습니다. 그러나 불교사상은 그 둘 사이에 있는 본질적인 차이에도 날카롭게 주목하였습니다. 놀랍게도 불교는 뉴런계와 마음계 각각에서 작용하는 '0공간'의 차이를 실로 정확하게 꺼내어 보여줍니다.

　모든 유정의 마음은 공이라고 불교에서는 설합니다. 유정은 각각의 생물적 조건에 따라 주위의 세계를 감각하고, 유정의 종류마다 다른 세계를 구성합니다. 동물과 인간은 같은 환경을 앞에 두고도, 저마다의 생물적 조건에 따라 다른 감각적 분류를 하고, 다른 공간을 지각하고, 다른 세계를 내부에서 만들어 냅니다. 이러한 유정의 모든 의식 작용의 밑바탕에 '0'이 작용하고 있음을 불교는 강조합니다.

---

1 산스크리트어로 공백, 부재를 뜻함.

불교에서는 이 '0공간'에 일종의 내부 구조를 생각합니다. 그것은 '연(緣)'으로 맺어진 무한의 네트워크이고 실체는 어디에도 없으므로, 그 본질은 공과 다름없습니다. 불교 철학(중관불교)에서는 이 공 안에 두 종류의 공이 있다고 설명합니다. 즉, '아무것도 만들어 내지 않는 공'과 '생산성을 가진 공'의 두 가지입니다.

'아무것도 만들어 내지 않는 공'은 디지털의 0과 같이, 그 자체로는 어떤 것도 만들어 내지 않지만, 사고할 때에 필요한 '부정사(否定辭)'로서 기능하기도 합니다. 우리는 정보를 보내기도 하고 차단하기도 하는 시냅스의 작용 속에서 그와 같은 공=0의 작용을 보았습니다. 이 0은 마치 내부 구조 같은 것은 없는 듯이 다루어서, 부정(否定)을 행하는 것입니다.

다른 하나인 '생산성을 가진 공'은 마음계에 내장된 다른 종류의 '0공간'에 대응합니다. 뉴런계의 0이 '점(点)'처럼 퍼짐이 없는 것에 비해, 인간의 마음에서 뚜렷하게 떠오르는 이쪽의 공에서는 정보와 정보가 키아즘(교차, chiasme)적으로 결합함으로써, 새로운 제삼의 의미가 생산됩니다. 마음계의 '0공간'은 실로 거대한 확장과 복잡한 연결을 만들어 낼 수 있는 내부 구조를 갖추고 있습니다. 그 내부 구조를 기하학화하면 만다라가 나타나게 되지만, 이 만다라의 근원도 실은 뉴런계에서 마음계까지를 관통하는 바로 0의 작용입니다.

이 같은 0의 개념에 기초하여 '물질'과 '마음'을 통일해 나가는 새로운 학문(사이언스)이 생기지 않으면 안 됩니다. 2,500년 전 불교가 했듯 과감한 탐구에 의해, 그와 같은 학문을 만들어 내지 않으면 안 됩니다. 지금은 아직 '물질'과 '마음'은 서로를 교환하는 일이 전혀 불가능할 정도로 비대칭적인 관계에 있습니다. 하지만 오늘 이야기에서 우리가 살펴본 것과 같이 뉴런계와 마음계 사이에 '동형성'을 매개하는 연결이 존재했고, 브리콜라주 이외의 방식을 진화가 필요로 하지 않았다면, 뉴런계와 마음계, '물질'과 '마음' 사이에는 반드시 '숨겨진 대칭성'이 있을 것입니다. 그것이 발견되었을 때 비로소 인간의 마음은 우주 안에서 독립된 것이 아니게 되는 것이겠지요.

물리학은 이미 자연계 안에서 작용하는 이와 같은 대칭성의 실례를 몇 가지나 발견했습니다. 오랫동안 교환 불능에 비대칭의 입자라고 여겨졌던 양성자와 중성자 사이에 대칭성을 회복하는 실험까지, 오늘날에는 성공을 거두고 있습니다. 나는 그러한 일이 마음학에서도 실현 가능하다고 생각합니다. 인간의 마음은 때로는 자연을 뛰어넘는 능력을 보여주기도 하지만, 따지고 보면 자연이 낳은 자식에 지나지 않습니다. '물질'인 자연이 낳은 자식이 인간의 '마음'이라고 한다면, 둘 사이에 통일이 존재하지 않는다고는 생각할 수 없습니다. 하물며 뇌의 활동이 자연을 정복할 수 있다는 생각은 잘못 생각해도 한참 잘못 생각한 것이라고 하지 않을 수 없습니다. '물질'과 '마음'의 통일을 지향하는 이 미지의 사이언스(학문)는 인간이 진정한 겸손을 되찾게 하려는 시도나 다름없습니다.

마음의 역사적 내면화와
인터페이스

가와이 도시오

1 _____ 들어가며-**마음과 심리치료**

'교토마음회의'를 준비하는 호스트 입장이지만, 강연자로도 나와서 이야기해보려 합니다. 마음의 역사성에 대해, 나의 전문 분야인 심리치료의 관점에서 살펴보도록 하겠습니다.

어째서 심리치료와 역사성인가 하면, 우선 심리치료 자체가 19세기 말에 유럽에서 성립한 역사적인 사건입니다. 우연히도 프로이트의 『꿈의 해석』이 쓰인 때가 정확히 1900년으로, 마치 이 책이 20세기 심리치료 발전의 문을 여는 듯한 느낌입니다. 그 무렵에 현재 통용되는 의미의 심리치료가 성립하였습니다. 그러므로 심리치료는 19세기 말 서양 사회에서 심리치료가 필요하게 된 마음의 역사적 변화를 전제로 합니다.

나카자와 선생의 이야기에서, 종교학은 인문학 중에서도 상궤를 벗어난 것까지 모두 포함하는 학문이라는 내용이 있었습니다만, 심리치료도 증상 등으로 나타나는, 통상의 상태에서 일탈한 마음의 상태를 다루고, 그 과정을 통해 마음을 깊이 파고듭니다. 그렇게 하면 현대의 의식으로 덮여 있는, 역사적으로 과거 상태의 것이 마음의 오래된 층[古層]으로서 나오는 일이 있습니다. 심리치료는 역사상 근대의 심성을 전제로 할 뿐 아니라, 그 행위 안에서 마음의 고층에 직면한다는 형태로도 역사성에 관계합니다.

그러므로 여기에서 말하는 역사성은 과거에 이러한 마음의 인식 방법이 있었다는 객관적인 '마음관(觀)'으로서의 의미뿐만이 아니라, 지금 현재 작용하는 주관적이고 주체적인 마음의 고층으로서도 이해해 보고자 합니다. 역사적 과거를 객관적으로 다루어도 그것이 실제로 어떻게 작용하는지 이해하지 않으면, 그다지 의미가 없지 않나 싶습니다.

심리치료에서 마음에 접근하는 방법론에 대해 미리 말하자면, 보통 상태의 마음을 조사하고 실험하는 것은 아닙니다. 나도 연구 센터에 있기 때문에 이런 이야기를 하면 부끄럽지만, 물론 조사나 실험도 합니다만(웃음), 가장 근본적인 부분은 그것들과는 다른 방법론입니다.

무슨 말인가 하면, 우울 상태 같은 심리적 증상이 있거나, 지진이나 신체의 질병 등 매우 곤란한 상황에 처했거나, 극한의 상태에 있을 때, 몰아넣거나 내몰림으로써 드러나는 마음을 다룹니다. 그 지점에서 마음이 어떻게 보이는가를 포착합니다. 그런 의미에서는 증상이나 곤란이 있는 비일상적 상황이기 때문에 보이는 것이 있다고 생각할 수 있습니다.

이를테면 일주일에 한 번 한 시간 동안 상담자를 만나 이야기하는 것이 심리치료의 설정이라고 하고, 어떤 문제나 갈등을 느끼지 않는 사람이 같은 설정으로 심리치료를 받아보려고 해도, 그저 잡담이 될 뿐 아무 것도 나오지 않을 수도 있습니다. 역시 괴로운 지경에 처하거나 궁지에 몰리지 않으면 특별한 어떤 것도 나오지 않고, 친해지기만 하고 끝날지도 모릅니다. 나카자와 선생의 이야기와도 연관되는데, 종교에서의 수행도 자기를 몰아넣는 것이고 어떤 마음의 상태, 평상시와는 다른 마음을 드러내는 일이 아닐까 싶습니다.

그렇게 생각하면 과학도 마찬가지여서, 2013년 힉스 입자의 발견이 큰 뉴스가 되었습니다만, 역시 저 정도의 가속을 한다거나, 우주 공간과 같은 거대한 것, 혹은 전자나 양성자 같은 극소의 스케일이 되어야 비로소 우리가 보통 지각하는 것과는 다른 것이 보이는 것은 아닐는지요. 그러므로 역시 극한의 상태에서 보이기 시작하는 것을 소중하게 여기면서, 마음에 대해 생각해 보려고 합니다.

극한의 상황에서는 보통 때와는 다른 것이 보이기 시작한다는, 새로운 지견이 생긴다는 좋은 점도 있지만, 한편 우리는 막다른 곳으로 몰리면 괴로운 나머지 비뚤어진 시각을 가질 가능성도 있습니다. 암 치료를 하는 의사에게 들은 이야기입니다만, 말기 암이 되면 터무니없는 민간신앙에 의지하는 사람이 많이 생긴다고 합니다. 재해를 당했을 때의 패닉 반응이라는 것도 잘 알려져 있습니다. 궁지에 몰림으로써 진실이 보이게 되는 경우가 있지만, 무엇인가를 믿고 싶다는 기분이 생겨 그릇된 판단을 하는 일도, 이 방법론에는 위험 요인으로서 있을 수 있습니다.

2 ____ 마음의 열린 시스템과 닫힌 시스템

다음은 마음의 상태로서의 열린 시스템과 닫힌 시스템 이야기로 넘어가겠습니다. 이 내용은 나카자와 선생의 강연에서 나온 〈'물질'과 '마음'〉이라는 주제와도 연관되는 부분입니다.

프로이트는 히스테리의 치료 방법으로서 정신분석을 시작하였기 때문이겠지만, 프로이트의 유명한 환자인 안나 O.(베르타 파펜하임이라는 본

명까지 알려져 있지만)는 치료 중에 매우 다종다양한 히스테리 증상을 보였습니다.

이를테면 컵으로 물을 마실 수 없는 증상이 있었는데, 왜 마실 수 없는지 전혀 알 수 없었습니다. 그곳에 감추어진 마음의 수수께끼가 있다고 생각하여, 프로이트는 그 부분을 최면과 자유연상의 방법으로 해명해 나갔습니다.

이 증상은 안나 O.의 불쾌했던 기억이 배경으로 작용했다는 사실이 치료를 통해 밝혀졌습니다. 평소 그녀가 싫어하던 어떤 부인이 컵에 담긴 물을 개에게 먹이던 장면을 보고 굉장히 불쾌했던 기억이 영향을 미친 것입니다. 다시 말해 무의식에 품고 있는 혐오감이나 욕망이 억압되면, 이처럼 이상한 증상이 생기거나 혹은 갈등으로 이어지는 증상이 나온다는 것을 알게 되었습니다.

그렇다면 이는 왠지 모르게 컵의 물을 마실 수 없는 것과 같은 이상한 증상이, 뭔가 자신이 행동할 때 자신의 무의식에 존재하는 미지의 것, 알지 못하는 것에 기인한다는 말이 됩니다.

내가 심리학을 배우고 있던 1970년대 후반~80년대 전반 무렵에는 프로이트가 이야기하던 것과 같은 히스테리를 보이는 사람은 더는 없다고 여겨졌습니다. 그러한 히스테리는 옛날의 미분화된 인격(personality)을 가진 사람이 보이는 증상이라고 생각되었지요. 그러나 신기하게도 1990년대에 이른바 다중인격 혹은 해리성 장애(dissociative disorder)라고 불리는 사람이 상당수 증가하였습니다. 북미에서도 일본에서도 그러했습니다. 갑자기 어른이 아이가 되기도 하고, 여성이 남성이 되기도 하고, 전혀 다른 인격이 되어 버리고 그 일을 기억하지 못하는 증상이 나타나기 시작했습니다. 다들 깜짝 놀랐습니다. 이를 현대 심리학은 어떻게 이해하는가 하면, 자신 안에 다른 인격이 있다고 이해하고, 그래서 해리성 인격장애라고 이름합니다. 이것이 닫힌 시스템의 이해입니다.

하지만 닫힌 시스템이 아니라 전근대의 세계관에서는 어떻게 생각했느냐 하면, 그러한 일이 생기면 여우나 나무의 정령이 씌었다거나, 교토에 널리 퍼져 있는 것으로 말하면 스가와라 미치자네(菅原道眞)[1]의 지벌을 받았다고 생각하는 것입니다.

앞에 나온 근대 심리학의 생각과 어떻게 다른가 하면, 전근대 모델의 사고방식은 개인 안에 갇힌 인격이나 마음에 기초하지 않습니다. 즉, 바깥으로부터의 정령이나 악령이 사람의 마음에 들어온다고 간주하는 열린 시스템의 마음인 것입니다. 이는 곧 현재의 심리학의 전제인 닫힌 시스템과는 다른, 개인의 마음이 밖으로 열려 있는 열린 시스템인 것입니다.

예를 들어 중세 고잔지(高山寺)라는 절의 승려인 묘에쇼닌(明惠上人)에게 다음과 같은 일화가 있습니다. 인도에 건너가 불교를 깊이 연구하고자 묘에가 마음먹고 있을 때 유아사 무네미쓰(湯淺宗光)라는 묘에의 백부의 아내가 "새 명석을 받아 문틀에 걸고 홀연히 그 위로 올라, 자신은 가스가다이묘진(春日大明神)[2]이고, 묘에의 인도행을 막기 위해 내려왔다고 말하고는 그곳을 떠났다"(여기서는 이해하기 쉽게 현대어로 번역하여 소개하였습니다. 가와이 하야오 『묘에 꿈을 살다』).

이어서 "29일에 다시 신이 내려왔다. 그때 무네미쓰의 아내의 모습은 보통 때와 달랐다. 얼굴은 기이하고 이 세상 사람이 아닌 듯 살갗이 희고 수정처럼 투명하며, 목소리도 우아하게 울려 듣는 이는 모두 목메어 울 뿐이었다."라고 나옵니다.

---

1 헤이안 시대에 활동한 교토 출신의 학자·시인·정치가로, 학문의 신으로 추앙받고 있다.
2 일본 고유의 민족신앙인 신도의 신

만약 오늘날 이 같은 일이 있었다면, 인격 해리일 뿐만 아니라 조현병이 발병했다고 생각하여 이 여성을 정신과로 끌고 갔을 터입니다.

그러나 당시는 마음에 대한 사고방식이 전혀 달랐습니다. '열린 시스템으로서의 마음'으로 본다면, 그것은 여성의 인격이 개인의 내부에서 해리한 것이 아니고, 실제로 바깥으로부터 가스가다이묘진이라는 신이 씐 것이 됩니다. 그리고 일본인의 마음을 날카롭게 찌르는 부분이라고 생각합니다만, 불교도인데 어째서 가스가다이묘진이 나타나는가(웃음) 하는 점도 재미있는 부분입니다. 열린 시스템은 하나의 종교로 제한되지 않는다는 의미에서도 개방적입니다. 어쨌든 여기에서 중요한 점은 가스가다이묘진의 의미를 당시의 공동체가 공유하고 있었다는 사실이고, 그래서 가스가다이묘진이 여성에게 씐었어도 의미가 있는 일로 받아들일 수 있었던 것입니다.

게다가 그 당시 묘에가 머물던 숙소 주인의 꿈에도 역시 인도가 나오자, 묘에는 인도로 가겠다는 결심을 서서히 단념합니다. 이 일도 닫힌 시스템의 관점에서 보면, 어째서 타인이 꾼 꿈을 자신과 관련짓는가 묻고 싶어집니다. 타인이 꾼 꿈은 그 사람의 마음하고만 관계가 있을 것이기 때문입니다.

중세의 『우지슈이모노가타리(宇治拾遺物語)』라는 설화집을 읽어보면, 가와이 하야오가 『일본인의 마음을 풀다』에서도 다루고 있듯이, 정말로 현실과 꿈, 자기와 타자가 상호 침투해 있습니다. 타인이 꾼 꿈에서 자신이 관세음보살이 되어 있고, 많은 사람에게 절을 받고 있었기 때문에 출가한 무사의 이야기 등, 다양한 형태로 개인 마음의 경계를 넘는 듯한 이야기가 『우지슈이모노가타리』에 담겨 있습니다. 이처럼 본디 마음은 개인을 넘어 널리 퍼져 있다고 이해하고 있었습니다. 마음은 공동체에서 자연으로까지 넓혀져 있었습니다. 게다가 가스가다이묘진이나 『우지슈이모노가타리』에서 죽은 사람이 저세상에서 돌아오는 이야기가 보여주듯, 초월적인 것과 이계(異界)로까지 넓혀져 있었다고 볼 수 있습니다.

융은 조금 별나서 어릴 적에 어떤 돌 하나를 소중하게 여겼습니다. 그 돌을 다락방에 감추기도 하고 의식을 올리기도 했다고 합니다(『카를 융: 기억 꿈 사상』). 후에 융은 인류학을 배워 호주 원주민에게 추링가(Tjurunga)라는 돌이 있고, 그 돌을 조상의 신체나 영혼처럼 여긴다는 것을 알게 되면서 자신의 체험과 비슷하다는 사실을 깨닫게 됩니다. 즉, 영혼이 돌에 깃들어 있고, 자기의 외부에 있다는 감각을 어린 시절의 융도 가지고 있었던 것이겠지요.

일본인의 감각에서도 이와 비슷한 예는 '내 젓가락', '내 찻잔'이 있다는 습관에서 엿볼 수 있습니다. 확실하게 말로 표현하지는 않지만 '그 물건은 나의 혼이다'라는 감각이 있는 것은 아닐까요. 그래서 장례식 때 찻잔을 깬다거나, 나무젓가락으로 음식을 먹고 나서 나무젓가락을 부러뜨리는 관습이 있습니다. 나무젓가락은 사용하는 동안 젓가락으로 옮겨 간 혼이 다른 사람에게 악용되지 않도록 꺾어 버린다는 의미가 있는 것입니다(다카토리 마사오 『민속의 마음』). 그 같은 형태로 열린 시스템으로서의 마음은 아직도 우리의 관습 속에 암묵적으로 남아 있습니다.

이처럼 마음이 개인 안에 갇혀 있지 않다고 생각하던 전근대 세계에서는 마음이 물질로 나타나고, 또한 마음과 몸의 병은 그리 명확하게 구별되지 않았습니다. 그 결과 병은 영혼을 바깥으로 상실하는 것이거나, 반대로 무엇인가 이물질이 바깥에서 침입한 것으로 생각하였습니다.

영혼이 어디론가 가버린 경우에는 그 영혼을 불러서 되돌려 놓지 않으면 안 됩니다. 전형적인 예로 이자나미[3]를 부르러 황천에 간 이자나기[4]의 신화와 아내인 에우리디케를 데려오기 위해 저승으로 간 오르페우스의 그리스 신화가 있습니다. 이들과는 반대로 쓸데없는 것이 빙의함으로써 병이나 정신 이상이 생깁니다. 가령 스가와라 미치자네가 빙의해 온다거나, 가스가다이묘진이 빙의한다거나, 그러한 것을 병의 원인으로 생각할 수 있습니다. 그러므로 치료는 이상한 무언가를 스스로 없애거나, 반대로 어딘가로 가버린 혼을 되찾는 일로 행해졌을 것입니다(앙리 엘렌베르거 『무의식의 발견』).

　　그러한 치료에는 주위의 많은 사람이 관여합니다. 혼자서 심리치료를 받으러 가듯이 남몰래 하는 일은 없고, 커뮤니티의 주민 참여로 이루어집니다. 엘렌베르거의 『무의식의 발견』에서 소개하는 예인데, 독일의 인류학자 바스티앙이 남아메리카 기아나에서 병에 걸려 현지의 심령 치료사에게 치료를 받을 때, 현지 사람들이 30명 정도 의식에 참여했다고 합니다. 어째서 많은 사람이 치료에 참여하는가 하면, 그것은 개인의 치료가 아니라 공동체의 일이기 때문입니다. 누군가가 이상해지거나 질병에 걸리는 일은 개인의 문제가 아니라 공동체, 우주 전체가 흐트러졌기 때문이고, 그 질서를 회복시키지 않으면 안 되는 것입니다. 공동체가 자연과 이계로까지 넓혀져 있었다는 사실은 매우 중요합니다.

　　형벌도 이와 마찬가지여서, 개인을 처벌한다거나 개인의 책임이라는 사고방식은 전근대 세계관에는 존재하지 않았습니다. 아베 긴야가 『형리의 사회사』에 썼듯이, 중세 게르만인 세계에서는 물건을 훔친 사람은 오크 나무에 매달아 교수형에 처합니다. 어떤 의미인가 하면, 범죄자 개인

---

3 일본 신화의 여신
4 일본 신화 속의 창조신이자 이자나미의 남편

을 처벌한다는 발상에서 나온 것이 아닙니다. 물건을 도둑맞는다는 것은 마을의 질서가 흐트러졌다는 뜻이기 때문에, 그 질서를 회복하는 일이 중요합니다. 그러기 위해서는 경계를 뛰어넘는 도둑이기도 한 '오딘'이라는 신에게, 그를 상징하는 오크 나무에 붙잡은 사람을 묶어 제물로 바치는 의식이 필요해집니다. 그 의식을 통해 질서를 회복하는 일이 중요한 것입니다.

하루 동안 목을 매달아 두었어도 죽지 않는 사람이 있었지만, 따로 죽이거나 하지 않고 풀어줍니다. 의식으로서는 완결이 되었기 때문에 죄인이 살든 죽든 관계없는 것입니다. 현대의 사형 같은 개념은 없었습니다. 형벌이라는 의식에 의해 공동체 질서를 회복하는 일이 중요하다는 것이 전근대의 열린 시스템 세계에서의 사고방식입니다.

개인이라는 사고방식이 생기고 비로소 심리치료가 성립하게 되고, 바깥에 있던 마음은 개인 안으로 들어오게 됩니다. 그것이 무의식이라는 사고방식이 탄생하게 된 전제조건입니다.

1900년에 프로이트의 『꿈의 해석』이 쓰였지만, 19세기 후반에 다양한 학문 분야에서 '무의식'이라는 개념이 사용됩니다. 생리학, 생물학 등 여러 분야에서 '이런 분야에 무의식이라는 말을 써도 되나' 하고 놀랄 정도로 많이 쓰였습니다(Shamdasani, 2003). 악령이나 정령 등의 형태로 바깥에 있던 것이 개인의 마음 안에 자리함에 따라, '무의식'이라는 개념이 중요하게 되었습니다. 마찬가지로 현대에서 당시의 '무의식'이라는 말을 대신할 만한 만능 키워드가 무엇일까 생각해 보면, 그것은 '뇌'가 아닐까 싶습니다.

의식(자아)과 무의식이라는 자신과 자신의 관계라고 해야 할까요, 자신 안에 있는 것과 어떻게 관계 맺을 것인가가 근대의 심리치료에서는 문제가 됩니다. 특히 정신분석의 경우 닫힌 시스템이라는 상태가 뚜렷이 드러나기 때문에, 시간, 장소, 상담 요금을 결정하는 세팅과 자유연상이 중심이 됩니다. 자유연상은 어디까지나 자기 안에서 연상하는 것이고, 시간과 장소를 정하는 세팅도 닫힌 시스템을 구현하는 것과 같습니다. 그 닫혀 있는 안에서는 전이·역전이라는 상담자와의 관계가 중시되어, 부모에 대한 이야기를 하거나 꿈에 나오거나 하더라도, 어디까지나 자신에게 비친 부모의 이미지 혹은 상담자와의 관계를 나타내기 때문에 닫힌 시스템에 머뭅니다.

아버지가 병에 걸린 꿈을 꾸면, 그 꿈은 '아버지가 병에 걸리는 게 아닐까' 하는 전근대 세계에서의 예지몽 같은 것이 아니고, '내 아버지의 이미지가 위험한 상태이다. 아버지의 이미지에 조금 상처가 났지만 달라지려 하고 있다'와 같이 상징적으로 받아들이게 됩니다. 앞서 나온 숙소 주인의 꿈에서 묘에쇼닌이 자신을 떠올리는 일은, 근대 심리치료의 틀에서 보자면 논외가 됩니다.

현대의 마음의 내면화 프로세스는 무의식이라는 개념을 중심으로 한 시대에 비해, 보다 나아간 상태라고 볼 수 있습니다. 내면화는 현재 널리 퍼져 있는 인지행동치료에서는 '인지의 틀'이 되기도 하고, 마음을 뇌로 환원하여 인식하는 관점도 내면화의 결과라고 생각합니다. 무엇보다도 심리치료가 성립하는 데에는 서양에서 이루어진 내면화의 역사가 전제되었을 것입니다.

3 _____ 서양에서의 마음의 내면화의 역사

서양의 마음의 내면화 역사에 대해서는 체계적으로 설명할 필요가 있지만, 시간 관계상 인상적인 세 가지의 예를 역사 속에서 찾아 설명해 보려고 합니다. 모두 크리스트교의 영향이 매우 강하지만, 그 가운데 첫 번째는 '혼자 기도한다'는 개념에 나타난 내면화입니다.

《마태오의 복음서》에는 "기도할 때에도 여러분은 위선자 같아서는 안 된다. 위선자들은 사람들에게 보이기 위해 교회당이나 큰길 모퉁이에서 기도하려 한다. 확실히 말해 둔다. 그들은 이미 응답을 받았다. 그러므로 당신이 기도할 때는 구석진 자신의 방에 들어가 문을 닫고, 보이지 않는 곳에 계시는 당신의 아버지께 기도하라. 그러면 숨은 것을 보고 계시는 당신의 아버지께서 응답해 주신다."(《마태복음》 제6장 5~6절)라고 나옵니다.

이는 혼자 숨어서 신에게 기도하고 신과 일대일의 관계 맺기를 강하게 권하며, 개인의 내면성을 매우 강조함을 알 수 있습니다. 앞서 얘기한 열린 시스템의 치료에서는 병에 걸리면, 많은 주민과 함께 공동체에서 의식을 행하여 회복을 꾀했습니다. 그러나 크리스트교 신앙은 그와는 완전히 다른 사고방식으로, 바깥에 나타난 마음을 부정합니다. 마음을 열린 시스템으로 인식하는 사고방식이 전근대에는 전 세계에 지배적이었던 사실로 미루어 보면, 아마도 외부로 마음이 드러나는 것을 부정하며 마음을 내면화하는 작업을, 이처럼 2,000년 동안 해 온 것이라고 볼 수 있습니다. 그러므로 서양에는 내면성이 깊이 뿌리내린 것입니다.

두 번째 예는 유일신 신앙을 널리 퍼트리기 위해서 행해 온, 외부의 영혼이나 사물의 혼, 사물의 마음에 대한 철저한 부정입니다. 이는 크리스트교의 '속죄규정서'를 읽어보면 잘 알 수 있습니다. 속죄규정서는 크리스트교에서 '이러한 일을 하면 죄입니다'라고 하는 여러 가지를 써놓은 것입니다. 명백하게 아무도 하지 않는 일을 굳이 적지는 않았을 것이므로, 이는 반대로 당시 사람들이 크리스트교 사고방식에 반하여 아무렇지도 않게 행하던 일과, 믿고 있던 전근대의 습관이나 신앙을 보여줍니다.

속죄규정서에 나오는 예를 들어 보겠습니다. "너는 이교의 전통을 지키고 있는가. 악마의 조력을 빌려 마치 대대로 전해 내려온 권리인 양, 아버지들이 자식에게 오늘날까지 가르치는 습관이 있는데, 이를테면 여러 원소(元素), 달, 태양, 별의 움직임, 매달 음력 초하루와 월식 등을 숭배하지 않으면 안 되는가."(아베 긴야 『서양 중세의 죄와 벌』)라고 쓰여 있습니다. 이 같은 것을 죄로 애써 꼽고 있는 것은 달이나 태양, 별의 움직임 등을 숭배하는 사람이 있거나 숭배하는 일이 있었다는 말입니다.

한 가지 더 인용하겠습니다. "너는 고함을 높여 너의 도움으로 달빛을 회복시키는 일이 가능하고, 또한 그것들의 여러 원소가 너를 돕는 일이 가능하다고 믿고, 네가 그것들에 대하여 힘을 가질 수 있다고 믿고, 집을 짓거나 결혼을 할 때도 월령을 관찰하지 않으면 안 된다고 생각하는가. 만약 그렇다면 미리 알려준 제일(祭日)에 2년 동안 속죄하지 않으면 안 된다."

이러한 형태로 자연계 안에 있던 영혼, 마음은 유일신 앞에서 부정됩니다. 나무의 영(靈), 나무의 혼이 있다는 사고방식은 부정되는 것입니다. 이는 유일신을 가진 종교의 대단함이라고 생각합니다. 현재에도 자연에 대한 애니미즘적인 감각을 가지고 있거나, 앞서 나온 묘에쇼닌의 예처럼 불교 신자라도 가스가다이묘진을 믿을 수 있는 일본인에게는 이해하기 힘든 일입니다.

다만 유럽에서도 일신교적 사고방식에 역사적·문화적 폭이 크다는 사실을 알아 두는 것은 중요합니다. 융 심리학, 융학파의 심리치료는 스위스와 독일어 문화권에서 시작하여 프랑스, 영국, 더 나아가 미국으로 퍼졌지만, 최근에는 구공산권이던 동유럽이나 라틴계 국가로도 폭발적으로 번지고 있습니다. 그러면서 우리가 생각하는 크리스트교나 내면성의 마음과는 전혀 다른 부분이 있다는 사실을 알게 됩니다.

최근에 들은 얘기지만, 지중해의 몰타 섬에도 융 심리학에 관심을 가진 사람이 많아져, 융학파의 분석가가 파견되어 심리치료가들을 훈련시킨다고 합니다. 몰타 섬 사람들은 꿈을 꾸면, 그 의미를 크리스트교의 다양한 성인과 관련지어 이해합니다. '이는 성 마르코, 이는 성 카를로, 성 안나'라고 생각하지, '이것은 파더 콤플렉스다, 어머니와의 부정적인 관계나 의존성이 엿보인다' 등과 같이 근대 심리학적인 해석을 하지 않습니다. 여러 가지 이미지나 꿈의 배경에는 성인이 있다고 생각하는 것입니다.

크리스트교 성인을 사용하고는 있지만, 이는 상당히 다신교적 인식 방법이고 유일신적 사고방식은 희박함을 알 수 있습니다. 융학파 분석가 제임스 힐먼(James Hillman)은 각각의 사건이나 이미지의 배후에서 신을 보려고 하여 다신론적 심리학을 주창하였는데, 그와 유사하다고 생각합니다. 이처럼 다신교적 관점이 강하게 남아 있는 곳에서는 치료의 세팅 등, 개인에 한정하는 내면화가 쉽사리 진행되지 않습니다. 그러므로 서양에서의 내면화라고는 해도, 여러 가지로 정도의 폭이 있습니다.

마지막 세 번째 예로 '가면의 의미의 역전'을 다루려고 합니다. 융 심리학에 '페르소나(persona)'라는 개념이 있습니다. 배우가 쓰는 마스크에서 유래한 말로, 내면을 숨기는 가면이라는 뜻입니다.

페르소나의 전형으로 제복, 넥타이 등이 있습니다. 경찰관은 경찰의 제복을 입고, 의사는 흰 가운을 입는 것처럼, 옷차림은 사회 안에서의 얼굴을 나타내고 그것에 의해 자신의 개인적인 내면을 숨깁니다. 경찰관이지만 옳지 않은 마음이 있다거나, 의사임에도 질병이나 상처에는 관심이 없고 환자의 기분에 영향을 받을지도 모르지만, 그것은 사회적인 역할, 즉 페르소나 아래에 감추어져 있을 터입니다. 그것이 융 심리학에서 말하는 페르소나의 개념입니다. 그리고 가면 아래에 숨겨진 것이 의식적인 인격과 대립하는 '그림자'나, 무의식적인 이성상(異性像)으로서의 아니마(anima) 혹은 아니무스(animus)로 생겨난다는 것이 고전적 의미에서의 융의 이론입니다. 그러나 이와 같은 가면의 이해는 전근대 세계에서의 가면과 정반대의 사고방식입니다.

전근대 세계에서의 가면은, 일본에서도 여러 축제를 보면 알 수 있듯이, 발리 같은 곳에 가면 더욱 뚜렷하게 드러나는데, 가면으로써 신이 나타나는 것입니다. 가면은 숨기는 것이 아니고 오히려 드러내는 것입니다(Giegerich, 2005). 그러므로 본래는 드러내는 것이었던 가면이 어느새 자신의 내면을 숨기는 것으로 역전되었습니다. 이것도 내면화에 의해 일어난 반전이라고 말할 수 있습니다.

그러한 내면화 프로세스의 일종의 정점이자 전형으로서, 데카르트가 명문화한 것과 같이 마음과 물체의 분리가 일어나게 됩니다. 즉, 실체를 레스 코기탄스(res cogitans)=생각하는 것과 레스 엑스텐사(res extensa)=연장하는 물체로 분리한 것입니다. 그 결과로 연장으로서의 물체에는 마음은 없고, 인간에게만 마음이 있습니다. 그것이 마음을 인간의 내면에만 위치시키는 닫힌 시스템이 되어서, 열린 시스템과 정면에서 대립하게 됩니다.

프랑스의 정신분석가 자크 라캉이 '데카르트 없이 정신분석은 없다'

고 한 의미는 주체가 없이는 심리치료는 불가능하다는 뜻이지만, 이 문맥에서 말한다면, 내면화 없이 심리치료는 있을 수 없다는 의미도 됩니다. 그러므로 1900년 무렵에 근대 심리학이 성립하지만, 그 배경에는 상당히 긴, 마음의 내면화 프로세스가 존재했음을 알 수 있습니다.

4 ____ 내면화와 문화 – 중세의 의미

내면화가 서양의 역사와 밀접하게 연관된다는 사실을 인식하고 나서, 다음의 내면화와 문화 차이에 대한 이야기로 넘어가려 합니다. 앞의 몰타 섬 이야기에서 언급했듯이, 융학파 심리치료가 세계의 다양한 지역 및 나라에서 요구됨에 따라, 그 사고방식과 훈련을 보급하려는 활동이 진행되고 있으며, 나 역시 그 활동에 참여하고 있습니다. 중국, 러시아 등지에서 심리치료의 사례 검토와 심리치료 훈련을 하다 보면, 개인의 경계가 없다는 사실에 놀라게 됩니다.

뒤에서도 나오게 될 안젤라 코놀리(Angella Connolly)라는 스코틀랜드 출신으로 이탈리아에서 활동 중인 융학파 분석가는 오랫동안 러시아의 모스크바에서 슈퍼비전(supervision)을 했습니다. 슈퍼비전은 훈련을 받는 사람이, 자신이 행한 치료를 슈퍼바이저(supervisor)에게 보고해서 지도를 받는 훈련 방식인데, 심리치료를 배우는 데는 가장 효과적인 방법입니다. 그녀는 몇 개월에 한 번 모스크바로 가서, 아침부터 밤까지 여러 명의 훈련생과 슈퍼비전 세션을 하고 있었습니다. 그런데 밤이 되면 슈퍼비전을 받은 사람 전원이 각자 다른 사람의 세션에서 무슨 이야기가 오고갔는지 알고 있고, 개개인의 비밀이 전혀 없어서 놀랐다고 그녀는 말했습니다.

공산주의 하의 러시아에서도 그리스정교회는 끊이지 않고 존재했다지만, 같은 크리스트교 권내에서도 다양한 베리에이션, 지역 차가 있습니다. 내면화와 개인 경계의 성립은 어느 정도 글로벌한 역사적 사건이지만, 세계화의 진도에 차이가 있다고 볼 수 있습니다.

여기에서 거듭 말하고 싶은 것은 내면화는 서양에서만 나타난 역사적 프로세스가 아니라는 점입니다. 서양에서 일어난 내면화가 전 세계에 미치는 영향력은 확실히 강력하지만, 각각의 문화에도 독자적인 내면화가 있습니다.

그중에서도 특히 일본에서의 내면화를 살펴보려고 합니다. 일본인에게는 나무에 혼이 깃들어 있다는 생각이나 '아깝다(もったいない)'라는 말에서와 같이, 사물에 혼이 있다고 느끼는 감각이 남아 있다는 면에서도, 이는 전근대의 세계관에 머물러 있는 것이 아니라 오히려 일종의 내면화를 거쳐 온 증거라고 볼 수 있습니다. 이 같은 관점에서 보면 '중세'라는 시기가 상당히 중요하다고 다시금 느낍니다. 서양은 자연을 부정하고, 분리하고, 지배하는 패러다임을 가지고 있지만, 일본의 내면화는 약간 다릅니다. 그 한 가지를 '미니어처화'라고 하겠습니다.

정원이나 다도, 분재, 꽃꽂이 등은 모두 자연을 그대로 남겨 두지 않고 그 나름으로 가공하여 내면화하는 것이지만, 서양과 같은 인간 주체로부터의 강렬한 부정이나 지배는 담고 있지 않습니다. 즉, 같은 물건이 크기가 작아져서 내면화되었다는 특징이 있습니다.

슈가쿠인리큐(修学院離宮)[5]는 교토의 마음을 상징하는 것이 아닌가 싶습니다. 자연을 미니어처화한 별궁의 정원이 있고, 더구나 자연과의 경

---

5 교토에 위치한 별궁

계가 모호하여 저 멀리 히에이산(比叡山)이 정원의 일부인 듯 바라다보이기도 합니다. 그리고 그 산은 단순한 자연으로서의 산이 아닌, 고잔노오쿠리비(五山の送り火)[6]의 무대이자 죽은 이들이 돌아가는 산으로, 저세상과도 이어져 있습니다.

그러므로 자연과의 결정적인 분리나 부정, 더 나아가 자연의 지배는 하지 않지만, 일본에서는 자연을 미니어처화하는 방식으로 내면화하고 있다고 볼 수 있습니다. 그리고 교토의 마을에는 폭이 좁고 안으로 깊숙이 들어가는 형태의 집이 있는데, 이는 일종의 숨겨진 것이고 내면화된 것이기도 해서, 그곳에서 죽은 이들이 돌아갈 먼 산을 올려다본다는 식으로 마음을 상징하기에는 적절하지 않나 싶습니다.

한 가지 더, 미니어처화와 함께 중세 일본의 독자적인 내면화 과정을 보여주는 예로 '후쿠시키무겐노(複式夢幻能)[7]'라는 극 양식의 성립이 있습니다. 고대부터 존재했던 본래의 가구라(神楽)[8]와 비교해 보면, 신이 모습으로 나타나는 것이 가구라입니다. 그에 비해 이 후쿠시키무겐노에서는 사건이 꿈속에 내면화된다는 점을 차이점으로 꼽을 수 있습니다.

많은 노(能)에서 행각승이 한 명 나와서 누군가를 만나고, 그 사람이 뜬금없이 땅에 얽힌 옛날이야기를 하면서 사실은 자신이 그 이야기에 나오는 누군가의 혼령임을 밝히고 퇴장합니다. 주인공이 퇴장한 뒤에 그 스님이 주인공의 상대역이 되어 꿈을 꾸면, 전반에서는 땅의 인물로 등장했던 사람이, 전반에서 말한 어떤 영이 되어 주인공으로 꿈속에 나타나 춤

---

6 오봉(8월 13일~16일) 기간에 돌아왔던 조상의 영혼을 무사히 저승으로 보내기 위해, 마지막 날에 불을 피우는 행사다.
7 시가와 춤을 동반하는 일본 전통 연극인 노(能)의 한 형식이다. 영혼·신·정령 등의 영적인 존재가 주인공으로, 상대의 꿈속에 나타난다는 점이 특징이다.
8 신을 불러 행하는 제사 예능

을 춘다는 구조를 취하는 경우가 상당히 많습니다.

그러면 후쿠시키무겐노에서는 이제는 신이 직접 나타나는 것이 아니고, 영혼이 스님의 꿈속에 내면화되어 있고, 또 영혼을 상대역으로 스님이 지켜보는, 바깥에서 바라보는 의식이 성립되어 있습니다. 또한 여기에 나타나는 것은 무시간적 존재인 신이 아니고, 이를테면 누군가의 응보다, 나중에 나오는 아리와라노 나리히라(在原業平)⁹다, 라는 식으로 역사적인 과거의 구체적 인물로 규정합니다. 그러한 의미에서도 내면화가 이루어졌습니다. 이에 비해 정신분석에서 말하는 내면화는 이 같은 역사적인 과거의 인물이 아니고, 부모라는 더욱 가깝고 좁은 과거로 내면화했다고 말할 수 있습니다.

대표적인 이야기로 《이즈쓰(井筒)》라는 노가 있습니다. 행각승이 마을의 한 여인을 만납니다. 하지만 이 여인은 기노아리쓰네(紀有常)¹⁰의 여자로, 아리와라노 나리히라의 아내의 영혼입니다. 마을 여인이 추억을 이야기하는데 마지막에 "사실 저는 기노아리쓰네의 여자입니다"라고 자신을 밝히고 전반이 끝납니다. 주인공이 퇴장하고 후반에서는 주인공의 상대역으로 스님이 무대 끝에서 지켜보는 가운데, 스님의 꿈속에서 주인공이 춤을 추는데 아리와라노 나리히라의 아내가 남편의 유품인 남성의 옷을 입고 있다는, 상당히 복잡한 구조를 취합니다.

앞에서 가면은 신을 드러낸다고 말했습니다만, 실제로 신이 드러나 있는 것이 아닙니다. 더구나 나리히라의 영혼이 나타난 것도 아닙니다. 나리히라의 아내의 영혼이 나타난 것도 아닙니다. 어디까지나 그것은 꿈속에 내면화된 것입니다.

---

9 825~880년, 헤이안 시대의 귀족·가인
10 815~877년, 헤이안 시대의 귀족

일본에서는 융 심리학이 상당히 널리 퍼져 있고, 특히 상자정원 요법이 번성하고 있습니다. 융 심리학이 일본에서 환영받는 이유는 일본적으로 내면화해 온 일본인의 마음과 맞기 때문이라고 생각합니다. 상자정원 요법은 안쪽을 파랗게 칠한 모래 상자 안을 미니어처를 사용하여 꾸미는 방식인데, 이는 자연을 미니어처적으로 내면화한 전통이 있는 일본인의 심성에 매우 잘 맞습니다. 게다가 상자정원을 미적으로 만들어 간다는 점이 중세 무렵 다도(茶道), 화도(花道) 등 다양한 예술의 형태를 통해 형성된 일본인의 내면화와 상당히 잘 맞았던 것이 아닌가 싶습니다. 그러므로 상자정원은 열린 시스템의 마음이자 동시에 닫힌 시스템의 마음이기도 한 양면성을 가지고 있는 것이 아닌가 생각합니다. 동아시아에서는 일반적으로 상자정원 요법이 번성하고 있는데, 중국에도 산수화의 전통이 있기 때문에 그러한 문화·역사적 배경과도 관계있는 듯합니다.

이렇게 보다 보면 융은 독특한 사람이었고, 유럽의 전통 속에서는 방계였다고 생각합니다. 융은 유럽의 하위문화에 관심이 있었는데, 그중에 먼저 흥미를 가졌던 것이 그노시스주의(Gnosticism)[11]이고, 나중에는 연금술을 집중적으로 연구하게 되어 그의 심리학에서 중심적인 모델이 되었습니다. 연금술에서는 자연이나 이계에 퍼져 있던 신들이 플라스크 안에 내면화되고, 그곳에서 추상화되고 물질화됩니다. 그런 면에서는 매우 내면화된 것이라고 말할 수 있습니다. 나카자와 선생의 이야기에도 나왔듯이, 진정한 브리콜라주의 세계라고 생각합니다. 더구나 유럽의 연금술에서는 상징성이 중요합니다. 유니콘이 그리스도를 상징한다거나 또 소금, 유황, 금 같은 다양한 물질도 상징성을 가지고 있는 등, 상징적 의미

---

11 1·2세기 무렵에 그리스, 로마 등지에서 기독교를 극복하려 했던 지적·신비주의적 사상의 경향이다.

가 중요해집니다. 플라스크 안에서 무슨 일이 벌어지는가 하면, 융이 관심을 가진 것은 결합과 분리입니다. 화학에서는 물질의 화합이 중요합니다만, 그와 마찬가지로 물질이 어떻게 결합하고 어떻게 분리하는가. 그것이 융에게 가장 중요했던 주제인 결합, 즉 이성상과의 결합, 신과의 합일에 관련되는 것입니다.

그림 1 헤르메스의 샘 (융
『전이의 심리학』)

연금술을 통해 결합이란 분리되어 있는 것과의 결합이고, '결합과 분리의 결합'이라는 그 논리를 깊이 연구해 간 지점이 융에게는 마음의 논리로서 중요했던 것이 아닌가 싶습니다(가와이 도시오 『융』). 현대 철학적으로 말하면 동일성과 차이성입니다.

연금술은 융이 『전이의 심리학』에서 다루고 있는 '현자의 장미원'이 보여주는 것과 같이, 그 프로세스를 일련의 그림으로 표현하기도 합니다. 그중에 헤르메스의 샘(그림 1)

그림 2 왕과 왕녀
(융『전이의 심리학』)

이라는 그림이 나오는데, 이것이 내면화를 위한 그릇이 됩니다. 그 안에서 전개되는 왕과 왕녀의 관계(그림 2)라고 할까, 두 사람 사이의 결합과 분리가 주제입니다.

그때 융은 '결혼의 사위일체성(四位一体性)'이라는 것을 말합니다. 그림 3으로 말하면, 연금술사는 Adept이고 '신비의 여동생'(Soror에 해당한다)이라는 조수가 있는데, 직접 a레벨에서 이어지는 것이 아니라고 융은

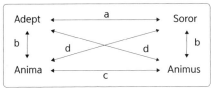

그림 3 결혼의 사위일체성 (융 『전이의 심리학』)

그림 4 결혼의 사위일체성

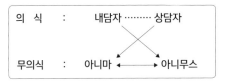

그림 5 결혼의 사위일체성과 심리치료

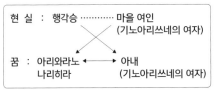

그림 6 『이즈쓰』와 결혼의 사위일체성

지적합니다. 그것이 아니고 그 심층에 있는 무의식에서의 이성상(異性像)인 아니마, 아니무스와의 관계가 중요하다고 말합니다(그림 4). 결혼의 사위일체성은 융이 만든 일종의 마음의 모델입니다.

지금 한 이야기는 심리치료로 말하면, 의식 레벨에서의 내담자와 상담자의 관계가 아니라 자아와 무의식에서의 아니마와 아니무스와의 관계, 마음 깊은 곳에 있는 이성상과의 관계가 중요하다는 말이 됩니다(그림 5).

이는 융이 1946년에 출판한 『전이의 심리학』을 쓰던 때의 사고방식입니다. 연금술과 연관된 융의 연구는 그 후에도 깊어져서, 만년에 쓴 『결합의 신비』에서는 무의식에서의 관계라고 할지, 내담자와 상담자 각자의 자아와 이성상의 관계가 아닌, 무의식에서의 아니마와 아니무스의 관계, 연금술로 말하면 왕과 왕녀의 관계가 최종적으로 중요하다고 바뀌어 갑니다. 그러므로 인간 레벨에의 직접적인 관계는 그다지 중요하지 않다는 이야기입니다.

이 '결혼의 사위일체성'이라는 도식은 상당히 잘 만들어진 모델로, 앞의 『이즈쓰』의 예에 적용하면, 전반의 현실에서 등장하는 행각승과 마을 여인은 연금술사와 조수, 혹은 상담자와 내담자의 관계가 되고, 후반의 꿈에서 아리와라노 나리히라와 그 아내의 관계를 행각승이 바라보는 것은 연금술에서는 왕과 왕녀의 관계, 심리치료에서는 아니마와 아니무스의 관계가 되어 그 장면을 의식이 보는 형태가 됩니다(그림 6). 게다가 이 심층에서의 나리히라와 아내의 관계는 아내가 남편의 옷을 입고 있는 방식으로 지극히 은유적인 동일성, 연결이 만들어집니다.

5 _____ 네트워크화와 내면의 소실

여기서 끝나면 이야기는 비교적 이해하기 쉽고 깔끔하겠지만(웃음), 여기에서 조금 모험을 해보려고 합니다. 지금까지는 역사적인 이야기였지만, '네트웨크화와 내면의 소실'이라는 주제로 현대와 미래의 마음을 생각해보면 어떨까요. 그 과정에서는 지금까지 역사적으로 진행된 내면성의 한계와 전환에 대해 이야기할 수 있을 듯합니다.

최근 심리치료에서 내면성과 주체성이 뚜렷하지 않은 내담자가 늘었습니다. 심리치료를 하다 보면, 어떤 증상의 유행이나 변화가 있고, 그 흐름은 사회나 의식의 변화에 대응한다는 사실을 알게 됩니다. 일본에서는 대인공포가 문화에 특유하고 전형적인 증상이었습니다만, 1970년대부터 경계성 인격장애, 1990년대에는 해리성 장애가 유행의 뒤를 이었고, 근래에는 이른바 발달장애 내담자가 늘었습니다(가와이 도시오 『발달장애로의 심리치료적 어프로치』). 발달장애 혹은 자폐 스펙트럼 장애는 생물학적 요인에 기인한다고 여겨지지만, 근래의 증가세에는 사회적 요인의 영향이 있다고 추측됩니다. 발달장애를 가진 내담자는 내면의 갈등이 약하고,

자타의 분리가 불명확하고, 상상력이 빈곤하기 때문에, 앞서 이야기한 개인의 내면성을 심화시켜 가는 심리치료의 패러다임이 좀처럼 통용되기 어려운 사람들입니다.

발달장애 내담자의 증가, 즉 내면의 갈등이 적은 사람이 증가한 현상에 사회적인 변화가 관련되었다고 한다면, '현대에서의 내면성의 상실'이라는 것을 생각할 수 있지 않을까요. 현대 네트워크 사회에서는 좀처럼 혼자 틀어박히는 일이 어렵습니다. 늘 LINE이나, 일본에 있는 외국인도 WhatsApp 같은 메신저로 24시간 내내 이어져 있습니다.

네트워크에 연결되어 있으면서 개인적이라는 것이 존재하지 않게 된 것은 아닌가 싶습니다. 일기 쓰기, 그리고 일기를 쓰면서 자신에 대해 생각하는 일이 개인의 확립과 내면의 성립에 크게 기여한다고 여겨지지만 (이푸 투안 『개인 공간의 탄생』), 오늘날에는 많은 사람이 트위터나 페이스북 등에 자신의 지극히 개인적인 일에 대해 쓰고, 때로는 놀랄 만한 내용을 적나라하게 공개하여 많은 사람과 공유합니다. 그리고 그 글은 원리적으로는 전 세계로 널리 퍼져나가기 때문에, 그곳에는 내면성이나 경계가 없습니다.

일부러 자신이 나서서 폭로하지 않아도 경계와 주체성의 상실은 매일 느낄 수 있는 상황으로, 페이스북을 하면 알 것이라고 생각하지만, News Feed에 내가 어떤 요청도 하지 않았는데도 다양한 정보가 계속 들어옵니다. 나는 페이스북은 하지 않지만 아마존에서 '추천 서적'으로 "가와이 하야오의 신간이 나왔습니다" 하고 메일이 오기도 해서(웃음), 아무래도 숨겨진, 자신이 주체성을 가진 내면성을 유지하는 일이 어렵게 된 것이 아닌가 생각하게 됩니다. 뇌과학 분야에서도 '소셜 브레인(social brain)', '커먼 브레인(common brain)'이라는 방향이 강조되고 있습니다.

이 같은 증상이나 사회 변화에 대응하는지는 알 수 없지만, 닫혀 있는 개인의 내면을 심화시키는 것뿐만 아니라, 내면의 세계와 외적 현실의 인터페이스(접속하여 교류하는) 측면에 주목하는 치료 이론이 최근 나왔습니다. 이 이론들은 아무래도 마음은 개인 안에 갇혀 있는 것이 아닐지도 모른다는 점을 시사합니다.

이 현상을 정면으로 문제 삼은 마에카와 미유키의 『심리치료에서의 우발사』라는 책이 있습니다. 심리치료는 시간, 장소, 요금을 정함으로써 제대로 된 그릇을 만드는 일이 전제 조건입니다. 그러나 그렇기 때문에 치료 현장 이외의 장소에서 상담자와 내담자가 만나는 등, 그 과정에서 불거져 나오는 일과 같은 우발적 사건에 의해, 치료는 의외의 전개를 보이기도 한다는 내용을 여러 사례에 기초하여 쓴 책입니다.

안젤라 코놀리가 비슷한 관점으로 쓴 논문(Connolly, 2015)에서 문제 삼고 있는 사례 중, 내담자가 "상담자 아버지의 기묘한 꿈을 꾸었다"고 말하고, 꿈 내용을 망설임 없이 이야기하는데, 그 이야기를 듣고서 상담자는 얼어붙고 말았습니다. 왜냐하면 그 꿈속에서의 상담자 아버지가 있는 방의 묘사가 상담자 자신의 전 분석가의 방과 완전히 똑같다는 사실을 알아차리고 충격을 받은 것입니다. 상담자는 내담자에게 그 이야기를 하지 않았지만, 그 꿈은 치료 과정에서 큰 전환점이 되었다는 내용이 논문에 나옵니다. 이러한 내용을 다루는 논문이 최근에도 늘고 있습니다.

그러면 내담자의 내면, 인지의 틀, 뇌 속, 또는 조금 넓혀서 치료 관계, 부모자식 관계 등에만 주목하는 닫힌 시스템은 폭이 좁고 불충분하지 않을까 생각할 수 있습니다. 조 캠브레이(Joe Cambray)는 그와 같은 메커니즘을 자기조직화라는 개념으로 설명하고 있고, 그중에는 양자역학 등으로 풀어가려는 사람도 최근에는 나오고 있습니다.

융은 심리치료에서의 이 같은 체험을 근거로, 컨스텔레이션(constella-tion)이나 공시성(共時性)을 생각하였습니다. 원래 컨스텔레이션은 '별자리'를 의미하지만, 내담자의 닫힌 시스템으로서의 마음 안에서도, 열린 시스템으로서의 마음 밖의 현실과 동일한 패턴이 보이고, 동일한 움직임이 생긴다는 것이 인정된다는 뜻으로 이해하면 좋을 듯합니다.

가와이 하야오의 『마음의 최종강의』에도 컨스텔레이션을 다룬 교토대학 퇴임기념강의가 수록되어 있습니다. 『가와이 하야오 자서전』에서 컨스텔레이션의 예를 하나 들자면, 가와이 하야오가 스위스에서 훈련하는 과정에서 어떤 상담자와 만나고 있을 때, 자신의 남성성의 결여가 상당히 문제가 되었습니다. 그때 점을 쳐보니, 5개 연속으로 음이 나오고 마지막에 양의 점괘가 나와 충격을 받았습니다. 이는 정말로 자신에게 남성성이 없음을 보여주는 것이라 여겼기 때문입니다. 여성 분석가에게 이야기를 하니, 그녀는 그 일을 수습해 보려고 다시 한 번 점을 쳐보기로 제안해서 그렇게 해보았는데, 웬일인지 완전히 똑같은 점괘가 나왔습니다. 위로하고 수습하려 했던 분석가의 시도는 수포로 돌아가고, 정말로 남성성이 결여되었음을 받아들일 수밖에 없게 되었습니다. 이러한 마음의 상태를 반영한 동형 동패턴이 다양한 곳에 나타난다는 것이 컨스텔레이션의 특징입니다.

융은 제1차 세계대전 전에 정신적 위기를 맞이하여, 자신이 적극적으로 매달리고 있던 작업을 기초로 『레드 북』을 써나갑니다. 이 정신적 위기와 세계대전의 관계라는 레벨에서는 내면과 바깥 세계가 서로 침투하고 있다고도 생각할 수 있지만, 그 '제1권', '제2권'에서는 내면성의 모델에 따라 작업하고 있음이 강하게 드러납니다. 다시 말해 융은 상상 속의 인물과 자신의 상상 속에서 대화하고, 주거니 받거니 하는 내면의 작업을 진행했던 것입니다. 융은 자신이 발병하는 것은 아닐까 두려워했지만, 지금 그『레드 북』을 읽어 보면, 발병할지도 모른다는 걱정은 괜한 걱정이었다고 생각합니다. 왜냐하면 융이 그 위험스러운 실험을 수행하면서도 낮에는 내담자를 만나고 평범한 가정생활을 보내면서, 내면과 외면을 분명하게 구별하고 있었기 때문입니다.

그런데 이후 1917, 18년 무렵 융의 집이 죽은 사람의 영혼으로 가득차, 초인종이 끊이지 않고 울리는 충격적인 사건이 일어납니다. 이 일은 당연히 가족도 알기 때문에, 이미지 속 인물과 대화하는 일처럼 융 내면의 문제로만은 해결되지 않게 됩니다.

이 일에 응답하기 위해 융은 '사자(死者)에게 보내는 일곱 가지 약속'을 씁니다. 이는 보다 구체적인 형태로, 『레드 북』의 제3부 '시련'에도 수록되어 있습니다. 거기서 융은 이른바 예언자 필레몬(Philemon)의 모습을 빌려, 사자에게 요청받아 설교를 합니다. "들어라. 나는 무에서부터 설명하려고 한다. 무는 가득 차 넘치는 것과 같다. 무한 속에서는 가득한 것은 공과 같다. 무는 공이고 가득함이다. 무에 대하여…"라는 유명한 이야기가 이어집니다.

융이 내면세계에만 틀어박혀 있을 수 없게 되고, 외부의 현실과 더 나아가 죽은 이에게로까지 마음이 이어졌다는 것은 중요하지만, 그뿐만 아니라 융이 그때에 썼던 내용이 마음에 대한 원리적인 것을 보여주고 있다는 점도 중요합니다. 그것은 확립된 자신으로부터의 회고나 이미지와의 대화로 마음을 이해하려는 것이 아닙니다. 마음은 무에서 생겨난다는 뜻입니다. 이것이 앞의 나카자와 선생의 이야기에 나왔던 '0상태'라고 생각합니다만, 0은 텅 빈 것이 아니고 동시에 가득 차 넘치는 것과 같습니다. 그곳에 모든 것이 생겨날 가능성을 품고 있다는 뜻입니다. 그러므로 무에

그림 7 분리와 발생

그림 8 분리와 발생의 예 ①

그림 9 분리와 발생의 예 ②

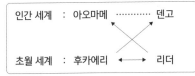

그림 10 『1Q84』와 결혼의 사위일체성

서 발생해 나왔을 모든 것이 원리적으로는 이어져 있는 것입니다.

마음의 역사성을 생각하면, 먼저 우주와 공동체의 마음이 있고, 그 마음은 자연이나 이계로까지 퍼지는 열린 시스템이었던 것이, 다음에는 내면화된 개인의 마음으로 닫힌 시스템이 되어 갑니다. 그런데 내면화를 진행해 온 마음은 최근에 다시 개방적 네트워크로서의 마음으로 변한 듯합니다. 이는 모든 것이 상호 침투하는, 불교에서 말하는 화엄적인 마음이라고 할 수 있지 않을까 싶습니다.

네트워크로서의 마음은 어떻게 움직일까요? 또 내면화된 심리치료와 다르다면, 그곳에는 어떤 심리치료가 생기게 될까요?

지금까지와 같은 뚜렷한 주체, 즉 자기가 있어서 그 내면을 탐색하거나, 자신을 기준으로 타자나 무언가로 접근하는 방식은 아닐 것입니다. 처음부터 어떤 목적을 지향하는 것이 아니라, 우발적으로 일어나거나 이어지는 일에서 의미를 찾아가는 방식의 심리치료가 되지 않을까 생각합니다. 현재 유행하고 있는 인지행동치료와는 상당히 다른 방법이 될 듯합니다.

더 나아가서는 카오스에서 무언가가 발생하거나, 혹은 이어져 있기 때문에 그곳에서 분리하는 일이 중요해지지 않을까요(그림 7). 융의 '결혼의 사위일체성'의 도식에서는 오로지 어떻게 이어질지가 문제이지만, 그와는 반대로 오히려 분리되어서 무언가가 발생한다는 방향이 될 것입니다.

현대 의식의 상태와 발달장애적 심성의 연관을 지적하고, 또한 무에서의 발생의 중요성을 시사했습니다만, 발달장애 어린이의 놀이 치료의 전환점에서는 분리와 발생이 인정되는 일이 있습니다. 거의 말을 하지 않던 아이가 첫 번째 상담에서 그림 8과 같이 볼링 핀을 줄 지어서 놓았다가, 곧바로 핀을 따로 떼어 세워놓았습니다(그림 9). 그 후 이 아이는 점차 말을 하게 되고, 놀랄 만큼 성장하였습니다(가와이 도시오 편저『융파 심리치료』오쿠보 모에코의 사례). 이처럼 이어져 있는 것을 갑자기 떼어 놓고, 분리해서 세워놓는 것은 주체의 발생과 관계가 있다고 봅니다.

내가 쓴『무라카미 하루키의 '이야기'』에서 '결혼의 사위일체성' 모델을 사용하여 지적했듯이,『1Q84』에서는 초월 세계에서의 '후카에리'와 '리더'의 연결이 두 사람이 점차 분리되면서 '아오마메'와 '덴고'로 교차하여 이어지고, 인간 세계에서 그 두 사람이 연결된다는, 결합을 지향해 가는 연금술과는 정반대의 프로세스가 됩니다(그림 10).

6 ＿＿＿＿ 인터페이스의 예

마지막으로 인터페이스의 예로 실제 치료 이야기를 하고 싶지만, 아직 너무 생생하기도 하고 또 공개가 망설여지기 때문에, 그 알레고리로서 무라카미 하루키의 단편 〈우연 여행자〉(『도쿄기담집』수록)를 예로 들겠습니다. 이 예를 통해 인터페이스하는 마음과 심리치료가 이런 것이구나 실감할 수 있었으면 합니다. 이 단편은 실제로 있었던 이야기를 무라카미 하루키가 쓴 것입니다. 그렇기 때문에 심리치료의 실제 사례를 대신하기에 적절하다고 생각합니다.

이 이야기는 자신이 게이임을 깨달은 피아노 전공 음대생(조율사)이, 사귀는 여성을 통해 커밍아웃하는 바람에 친구와 가족, 특히 두 살 위의 누나와 관계를 끊고 마음의 상처를 입는다는 장면에서부터 시작합니다.

그는 안정된 파트너가 있고, 조율 일을 하는 틈틈이 일주일에 한 번씩 화요일에 쇼핑몰의 카페에서 독서하는 것이 휴식이자 재충전의 습관이었는데, 우연히 자신과 마찬가지로 디킨스의 『황폐한 집』을 읽고 있는 여성을 그 카페에서 만나고, 그녀가 말을 걸어와 밥을 먹으러 가서는 즐겁게 이야기를 나누고 돌아옵니다. 여기에 상담자는 없지만, 일주일에 한 번이라는 설정과 독서를 통해 자신의 내면과 마주한다는 방식이 심리치료의 알레고리로서 재미있습니다. 그러나 그곳에서, 똑같은 책을 읽고 있다는 우연으로 외부의 여성을 대하는 인터페이스가 일어납니다.

그다음 주에 같은 여성이 나타나고, 즐겁게 식사한 후에 호텔로 가자는 청을 받지만, 조율사는 자신이 게이라는 사실을 설명하고 거절합니다. 그래서 울고 있는 여성을 위로하고 있을 때, 그녀의 오른쪽 귓불에 점이 있다는 것을 알게 되고, 누나에게도 똑같은 점이 있음을 떠올립니다. 이 여성은 사실 유방암 재검사를 받을 예정이지만, 그 일이 너무 걱정되어 남편에게도 말하지 않았다고 조율사에게 이야기하고, 다음 주 화요일에 여성은 나타나지 않습니다.

그리고 여기가 상당히 중요한데, 조율사는 줄곧 절교 상태였던 누나에게 큰마음을 먹고 전화를 겁니다. 이 실행이 중요합니다. 그러자 누나는 왜 전화를 했는지 만나서 묻지만, 조율사는 모르겠다고 할 뿐 이유는 이야기하지 않습니다. 이 부분도 중요합니다.

놀랍게도 누나는 사실 유방암 수술을 앞두고 있다는 내용으로, 화요일의 여성과 겹치고 있습니다. 수술은 성공하

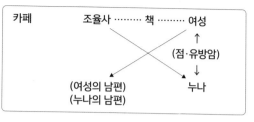

그림 11 〈우연 여행자〉와 이어짐

고 이 일을 계기로 누나와 관계가 회복되어 조카, 조카딸과도 사이가 좋아지고, 절교 전에는 꽤나 싫어했던 매형과도 친해진다는 이야기입니다.

이는 조율사와 여성 사이를 책이 연결하고, 점과 유방암이 여성과 누나를 연결하는 형태이지만, 이미 어디서부터가 의식이고 어디서부터 무의식인지 구분할 수 없습니다. 이런 식으로 마음은 이어져 있습니다. 카페에서 일주일에 한 번 책을 읽는다는 자기 안에 갇힌, 자기충족적인 마음 상태였던 조율사는 우연의 일치로 어떤 여성과 만나고, 닫혀 있던 마음에서 나오게 되고, 또 우연의 일치로 누나와 이어지고 관계를 회복한다는 것입니다(그림 11).

원리적으로는 네트워크로서의 마음은 모든 것이 이어져 있을 것입니다. 그렇지만 그 가운데 굳이 이어지지 않는 부분, 이를테면 호텔에 가기를 거절하고, 누나가 물었지만 이야기하지 않는다는 부분이 굉장히 중요하다고 생각합니다. 그 반대로, 이어짐을 향한 실행을 하는 부분이 있습니다. 누나에게 전화해보고 싶다는 마음은 매우 큰 전환점입니다. 그로 인해 어쩌다 만난 여성과 누나에게 똑같이 점이 있는데, 여기서 같음을 알아채는 데 그치지 않고, 그 의미를 발견한다는 것이 마음의 작용에서 매우 중요하지 않나 싶습니다.

화엄에서는 원리적으로는 모든 것이 이어져 있지만, 어떤 것은 '유력'

하고 어떤 것은 '무력'하다는 표현을 합니다. 그러므로 쇼핑몰 카페에서 전혀 관계없는, '무력'하던 여성이 '유력'해지고 이어지게 되는 일이 생깁니다. 하지만 가끔 '유력'하던 것이라도 어느 것을 실행하고 그와 어떤 식으로 관계하는가, 또 어느 것과 관계하지 않는가 하는 점은 심리치료에서 상당히 중요한 포인트이기도 하고, 또한 인생을 살아감에 있어서도 마찬가지이지 않을까 합니다.

포스트 성장시대의
'마음'과 사회 구상

히로이 요시노리

소개받은 히로이입니다. 원래는 과학사·과학철학이라는, 들어본 적 없는 분이 많으리라 생각합니다만, 문과와 이과 중간쯤에 있는 분야가 전공입니다. 관청에서 의료 및 복지, 사회보장과 관련된 정책적인 일에 관여했던 시기가 10년 정도 있었고, 최근 20년 정도는 대학에서 연구를 하고 있습니다.

마음에 대한 원리적 혹은 철학적 논의와 사회상과의 관계, 이 둘을 연결하는 일 등에 쭉 관심을 가지고 있었기 때문에, 그러한 관점에서 화제를 제공할 수 있었으면 합니다.

먼저 지금 이 시대를 어떻게 이해할 것인가에 대해, 오늘 이 심포지엄의 역사성이라는 화제와도 겹칩니다만, 몇 가지의 관점에서 생각해 보겠습니다. 이어서 '마음과 커뮤니티·지역재생', '마음과 경제사회'라는 주제에 대해 살펴볼 것입니다. 그리고 내가 최근 몇 년 동안 진행하고 있는 '진주노모리·자연 에너지 커뮤니티 구상'에 대해서도 다루어 보고, 마지막에는 정리를 하는 흐름으로 진행하려 합니다.

1 _____ 현재라는 시대를 어떻게 이해할 것인가

일본사회에서의 문맥

현재라는 시대를 어떻게 파악할 것인가. 우선 세 가지 정도의 문맥을 생각할 수 있겠습니다. 일본사회에서의 문맥, 인류사적 문맥, 자본주의/포스트 자본주의의 문맥입니다. 이들에 대해 차례로 살펴보겠습니다.

먼저 '일본사회에서의 문맥'입니다.

2010년 11월에 영국의 경제지 《이코노미스트(The Economist)》가 일본 특집을 편성하였습니다. 표지는 꽤나 상징적인 그림으로, 커다란 붉은 원 아래에 아이가 눌려 있는 모습이었습니다. 'Japan's burden(일본이 안고 있는 무거운 짐)'이라는 글자가 크게 쓰여 있었습니다. 기억하는 사람도 있을지 모르겠지만, 이 특집에서는 'Japan syndrome(일본증후군)'이라는 말을 키워드처럼 사용하여 화제가 되기도 했습니다.

이 특집의 요점은 다음과 같습니다. '일본사회가 지금 직면하고 있는 문제의 본질은 인구 감소와 고령화다. 다만 일본은 그 주제를 전 세계에서 선두 주자로서 경험하고 있다.'고 말합니다. 따라서 '인구 감소와 고령화라는 문제에 일본이 어떻게 대응하는가는, 일본만이 아니라 세계적으로도 의미가 있다. 왜냐하면 다른 나라들도 비슷한 경험을 앞으로 해 나갈 것이기 때문이다.'라는 취지였습니다.

다만 경제지이기 때문에 이 특집에서는 인구 감소와 고령화를 기본적으로는 부정적인 것으로 다루었습니다. 오늘 이야기 전체를 통해, 줄곧 나의 큰 관심사 중 하나였던 '과연 그뿐일까' 하는 의문을 드러내 보고자 합니다. 확실히 인구 감소와 고령화는 여러 가지 어려운 과제를 우리에게 들이밀기는 하지만, 반드시 마이너스만 있는 것은 아니고 오히려 그곳에

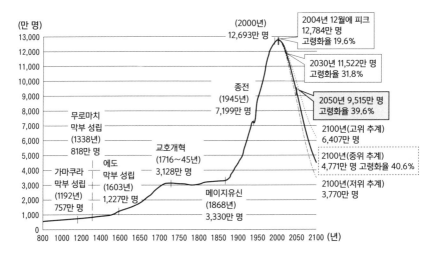

그림 1 일본 총인구의 장기적 추세

출전 총무성 '국세조사보고', 동 '인구추계연보', 동 '2000년 및 2005년 국세조사 결과에 의한 보간보정인구', 국립 사회보장·인구문제연구소 '일본의 장래추계인구(2006년 12월 추계)', 국토청 '일본열도에서의 인구분포의 장기 시계열 분석'(1974년)을 토대로 국토교통성 국토계획국 작성.

다양한 플러스의 가능성도 포함하고 있지는 않은가, 그리고 그것과 '마음' 이라는 주제는 여러 부분에서 관련되는 것은 아닌가 하는 점에 대해 생각해 보겠습니다.

그림 1은 최근 이 문제가 활발히 논의되고 있기에 이런 그림을 본 사람이 꽤 있을지도 모릅니다. 인구 감소에 대한 '마스다(增田) 리포트'라는 보고서가 나와서 지방자치단체 소멸이라는 주제가 논의되고, 그것이 최근의 지방창생(地方蒼生)이라는 흐름과도 이어집니다만, 그러한 가운데 인구 감소 문제가 다양하게 논의되고 있습니다(마스다 히로야『지방소멸』).

그림 1은 일본의 인구를 상당히 장기적 흐름으로 살펴본 그래프입니다. 왼쪽은 헤이안 시대[1] 무렵부터이고, 크게 구분하여 에도 시대 후반기

---

1 794~1185년

의 일본 인구는 약 3,000만 명 정도로 거의 안정되어 있습니다. 일종의 정상(定常)상태라고도 말할 수 있겠지요. 그러다 메이지 시대 시작부터 인구가 급격하게 증가합니다. 이는 '흑선(黑船)[2] 쇼크'라고 하는데, 흑선을 보고 그 배후에 있는 군사력과 구미 열강의 과학 기술력에 압도되는 듯한 쇼크를 받고, '이래서는 안 된다'고 부국강병을 위해, 특히 제2차 세계대전 후에는 경제 성장을 위해 오로지 인구 증가와 경제의 확대·성장의 역사를 걸어왔습니다.

그러나 이것도 최근 자주 화제가 되기 때문에 여러분도 알고 있으리라 생각합니다만, 2005년에 처음으로 인구가 줄었습니다. 그 후 잠시 오르내렸지만 2011년부터는 일관되게 감소 추세로 접어들어, 이 그림에도 나타나 있듯이 지금의 출생률로 가면 2050년에는 1억 명을 밑돌고 계속 감소하게 되는 상황입니다.

이는 한마디로 말해 제트코스터를 연상시키는 그림입니다. 급격하게 인구가 늘었나 싶었더니 지금 정확히 우리는 정점의 위치에 있고, 제트코스터가 덜커덩덜커덩 가다가 낙하하기 직전에 있는 듯합니다.

그러한 면에서 보자면 확실히 어려운 시대를 맞이하고 있지만, 조금 전에 말했던 것처럼 과연 그럴까, 오히려 적극적인 가능성을 지금 마주하고 있는 것은 아닐까 하는 생각이 듭니다.

어떤 취지인가 하면, 이렇게 그래프가 곧게 선 것처럼 인구가 증가하던 시대에는 그동안 물질적인 풍요로움과 경제성장을 실현하는 등 다양한 긍정적인 면도 확실히 있었다고 볼 수 있지만, 이러한 급격한 상승이 보여주듯 어떤 의미로는 우리가 상당히 무리를 해 온 것은 아닌가, 혹은

---

2 서양의 배를 뜻함.

그동안 잃어 온 것도 여러 가지로 많았던 것은 아닌가 하는 점입니다. 여전히 과로사 문제가 불거지는 것도 그러한 배경 때문이지 않을까요.

그러한 점으로 볼 때, 현재는 지금까지 오로지 인구와 경제의 확대·성장만을 추구하던 시대에 다양한 문제를 일으켜 온, 혹은 잃어 온 것을 다시 한 번 재검토하는 큰 전환의 시기가 아닌가 싶습니다. 마음이라는 주제와도 이어집니다만, 진정한 의미의 행복과 풍요를 생각하고 실현해 가는 새로운 출발점과도 같은 시대에, 지금 우리는 서 있는 것입니다.

행복 연구와의 관련

행복이라는 내용을 조금 다루었는데, 이는 최근 관심이 높아진 주제여서 많이들 들어 봤으리라 생각합니다만, 마음의 미래연구센터의 우치다 유키코(內田由紀子) 선생은 이 주제를 전문적으로 깊이 연구하고 있습니다.

그러한 흐름 속에서 다양한 나라의 행복도의 국제 비교가 활발하게 이루어지고 있습니다. 이를테면 '세계 가치관 조사'라는 미시간 대학을 중심으로 이루어지는 조사에서는 덴마크가 1위, 일본은 43위를 차지하여 순위가 매우 낮습니다. 그리고 영국 레스터 대학에서 조사하는 'World map of happiness(세계행복지도)'에서는 1위는 마찬가지로 덴마크이지만, 일본은 순위가 더 내려가서 90위입니다.

물론 이러한 행복도의 국제 비교는 대단히 어렵고 문화 차이 같은 여러 요소가 관련되어 있기에 단순히 이 순위를 보고 일본은 행복도가 낮다고 그대로 받아들일 일은 아니겠지요. 다만 이들 조사에서 보여주는 것은 일본이 경제적으로는 여전히 풍족하지만, 그에 비해 행복도라는 관점에서 보면 여러 가지 과제를 안고 있다는 점이고, 그러한 과제를 생각해 보는 하나의 계기가 되지 않을까 싶습니다.

그리고 때마침 이러한 주제가 국제적으로도 국내적으로도 다양한 형태로 논의되고 있습니다. 노벨경제학상을 수상한 조지프 스티글리츠 (Joseph Eugene Stiglitz)나 센(Amartya Sen)과 같은 경제학자가 GDP(국내총생산)만으로는 진정한 풍요와 행복은 측정할 수 없다고 하여, 그것을 대신할 지표를 정리하거나 보고서를 내기도 합니다. 많이 알려진 지표로는 이것도 마음적인 측면과 관계가 깊습니다만, 부탄의 GNH가 있습니다. GNP가 아닌 'Gross National Happiness(국내총행복량)'라는 지표는 국제적으로도 영향력이 큽니다.

이와 관련하여 'GAH'라는 말을 들어 본 적이 있습니까? 도쿄 도의 아라카와 구가 10여 년 전부터 내세우고 있는 지표로 'Gross Arakawa Happiness(아라카와 구민 총행복도)'라고 합니다. 이것은 '지 에이 에이치'로 읽으면 안 된다고 하는데, 우연인지 'GAH'는 부탄어로 '행복'을 뜻하는 말로 '가'라고 읽는다고 합니다.

아라카와 구와는 나도 최근 5, 6년 관계를 맺고 있습니다만, 이는 단순히 지표를 만들기만 한 것이 아니고, 아라카와 구가 처음에 관심을 가진 부분이 어린이의 빈곤 문제인데, 상당히 충실한 연구조사도 진행했습니다. '구민의 행복도를 높이려면 무엇이 필요할까'라는 질문을 가지고, 가장 처음 매달린 일이 어린이의 빈곤 문제였던 것입니다.

또 'AKH'라는 것도 있습니다. 음악 그룹이 연상되기도 하지만, 이는 구마모토 현이 수년 전부터 내세우고 있는 'Aggregate Kumamoto Happiness(현민 총행복량)'입니다. 구마모토 현은 지금 구마몬[3]이 주목받

---

3 구마모토 현의 마스코트 캐릭터.

고 있습니다만(웃음).

이처럼 행복이란 무엇인가, 그것을 단순히 이념적인 수준에서 논의하는 것이 아닌, 사회적, 공공적 정책으로 만들어 가고자 하는 움직임이 활발해지고 있습니다.

덧붙여 말하면, 전 민주당 정권 시절 내각부에 '행복도에 관한 연구회'라는 단체가 만들어져, 마음의 미래연구센터의 우치다 선생도 그 구성원이고, 이 주제가 전문이 아닌 나도 사회과학 분야의 일원으로 참여하고 있습니다만, 이러한 움직임이 다양한 레벨에서 활발해지고 있는 상황입니다.

따라서 현재 행복의 경제학 혹은 행복의 정치경제학이라는 영역도 활발한 상태입니다. 조금 단순화해서 말하면, 가로축에 1인당 소득, 세로축에 생활 만족도 내지 행복도를 취해 다양한 나라를 비교할 때, 경제발전이 낮은 단계에서는 경제가 풍족해지면 그에 따라 행복도와 생활 만족도도 거의 비례적으로 상승하지만, 경제발전이 어느 단계를 넘어가면 관계가 불규칙해집니다. 즉, 사람들의 행복 요인이 단순히 경제적인 풍요로는 측정할 수 없는 것으로 이동해 간다는 말로, 이는 바로 마음이라는 주제와 이어지는 내용이라고 생각합니다.

그렇다면 그것은 구체적으로 어떤 것인가, 경제 이외에 어떤 요인이 사람 마음의 행복에 있어 중요한가 하면, 역시 커뮤니티 혹은 사람과 사람과의 관계, 그리고 평등도 혹은 경제 격차, 자연환경과의 유대감, 정신적·종교적 의지처와 같은 요소가 관련되는데, 이는 마음의 미래연구센터의 주제와도 그대로 겹칩니다.

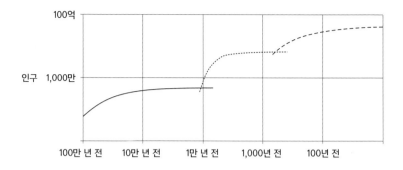

그림 2 세계 인구의 초장기 추이(Deevey의 가설적 도식)

인류사적 문맥

지금까지 일본 사회에 대한 내용을 살펴보았는데, 시점을 바꾸어서 큰 인류사적 문맥에서 이 주제를 다시 생각해 보려고 합니다.

그림 2는 세계 인구의 초장기 추이입니다. 여기서는 시작점이 100만 년 전으로 되어 있는데, 이른바 호모 사피엔스(현생인류)가 아프리카에서 태어난 것이 20만 년 전이라고 여겨지므로, 이 그림은 호모 에렉투스 같은 초기 인류도 포함한 것입니다.

먼저 이 그림을 보고 알 수 있는 것은, 인류의 역사를 크게 되돌아보면 확대·성장하던 시대와 성숙하여 안정 혹은 정상화하는 시대의 주기가 있고, 그 주기가 3번 정도 있었다는 것입니다.

제일 처음은 수렵·채집 단계로, 계속되다가 1만 년 전부터 갑자기 인구가 증가한 것은, 여러분이 상상하듯 농업이 티그리스·유프라테스 강 유역 혹은 오리엔트, 양쯔 강 유역 같은 몇몇 지역에서 일어나 생산과 인구가 급속히 확대되었기 때문입니다. 그러나 이윽고 농업도 성숙화합니다. 세 번째는 말할 필요도 없이 최근 300~400년 정도의 급격한 공업화 사회, 혹은 근대화라고 말해도 좋겠고 뒤에서 이야기할 자본주의

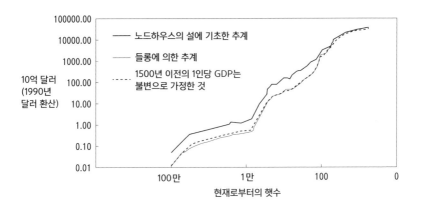

그림 3 초장기의 세계 GDP(실질) 추이
출전 DeLong, 1998.

와도 관계됩니다만, 다시 한 번 인구가 확대되어 현재 성숙기를 맞이하고 있습니다.

이와 관련하여 100만 년 전부터의 GDP를 측정한 사람이 있습니다. 그것이 그림 3의 초장기 세계 GDP 추이로, 미국의 들롱(DeLong)이라는 연구자가 앞서 나왔던 인구 추이에 대한 실증적인 연구를 근거로 1인당 GDP의 추계를 겹친 것입니다. 이 그래프를 보아도 앞에서 말한 것처럼 대략 3번 정도의 주기가 드러납니다.

여기서 생각해 보고 싶은 점은, 그러면 어째서 확대·성장과 성숙·정상화가 일어나는가 하는 문제입니다. 이는 단적으로 에너지의 이용 형태, 혹은 인간과 자연의 관계성, 혹은 조금 강하게 말하면 자연 착취의 정도, 이들의 변화가 확대·성장과 이어진다고 말할 수 있지 않나 싶습니다.

두말할 나위 없이, 영양분이라고 할지, 유기화합물을 만들 수 있는 것은 식물의 광합성이라는 시스템뿐이므로, 결국 다른 동물이나 인간은 식물과 식물을 먹은 동물을 먹고 생명을 유지하는 것입니다. 그 가장 소박한 형태가 수렵·채집입니다.

농업은 1만 년 전부터 시작되었는데, 이는 요즘 식으로 말하면 마치 태양광 패널을 지면에 깔 듯, 식물에게 광합성을 시키고 관리해서 수확을 얻는다는 에너지의 이용 형태가 시작된 것입니다.

마지막으로, 특히 최근 100~200년 동안의 화석연료, 즉 석유·석탄의 대규모 사용이 있습니다. 화석연료란 수억 년에 걸쳐 지하에 퇴적된 생물의 사체로, 이를 태워서 막대한 에너지를 얻는 것입니다. 수억 년 걸려 축적한 자원을 100년, 200년 만에 고갈시키려 하고 있으니, 현재가 상당한 임계점이라고 할까, 위기적인 상황에 와 있음은 그러한 면에서 보아도 확실하지 않나 싶습니다.

문화적 창조의 시대로서의 정상기

확대·성장과 성숙화의 주기에 대해 이야기했습니다만, 여기서 강조하고 싶은 점은 정상기이기 때문에 문화적인 창조가 일어나는 것이 아닐까 하는 점입니다. 정상기라고 하면 뭔가 따분하고 변화가 없는 정체된 사회라는 이미지가 있지만, 사실은 그렇지 않고 정상기에야말로 매우 창조적인 것이 생겨납니다. 특히 문화적인 혹은 정신적인, 마음의 창조성이 끓어오르게 되는 것이 아닐까 하는 것이지요.

그 한 가지의 단서는 독일의 철학자 야스퍼스(Karl Jaspers)가 '추축시대(樞軸時代)'라는 것을 말하고, 과학사의 이토 슌타로(伊東俊太郎) 선생이 '정신혁명'이라고 큰 스케일로 논하였습니다만, 재미있게도 기원전 5세기 전후의 시대에 현재로 이어지는 보편적인 사상이 '동시다발적으로' 지구상의 몇몇 곳에서 생겨났다는 점입니다.

인도에서의 불교, 중국에서의 유교와 노장사상, 그리스에서도 소크

라테스, 플라톤, 아리스토텔레스, 중동에서는 크리스트교와 이슬람교의 원형인 구약사상이, 다소 앞서거나 뒤서거나 하지만 이 시기에 생겨났습니다. 석가모니, 공자, 소크라테스 등이 거의 동시대를 살았다는 사실은 생각해 보면 매우 신기한 일 아닌가요.

그러면 어째서 이 시기에 동시다발적으로 그 같은 일이 일어났는지에 대해, 야스퍼스는 그 이상은 거의 논하지 않지만, 다음에 말하는 내용은 나의 상당히 대담한, 하나의 가설 같은 것입니다.

재미있게도 최근의 '환경사(Environmental History)'라는 분야의 지식을 통해, 당시의 그리스, 중국, 인도 등지에서는 농업문명이 어느 정도 발달한 결과, 산림 고갈이나 토양 침식 같은 현상이 대규모로 일어나기 시작했다는, 이른바 농업문명의 자원적·환경적 한계가 다양한 형태로 나타나고 있었다는 사실을 알게 되었습니다.

그것과 앞서 말한 보편적 사상이 생겨난 것에는 어떤 관계가 있지 않을까요. 즉, 농경문명이 생겨 인구 및 자원소비가 큰 폭으로 늘었지만, 그 물질적 확대의 방향이 일종의 한계에 달하려 하고 있었을 것입니다. 따라서 밖을 향해 생산을 양적으로 늘려 가는 방향이 아니라, 더 깊은 인간의 내면, 혹은 물질적인 것을 뛰어넘는 새로운 가치를 제기하는 방편으로서 이러한 보편사상이 생겨난 것이 아닐까요. 그리고 그것은 구조적으로는 현재와 매우 비슷한 상황이었던 것은 아닐까요.

이것도 상당히 재미있는 이야기입니다만, 근래의 고고학과 인류학 분야에서 마음의 빅뱅, 정신의 빅뱅, 혹은 문화의 빅뱅이라 불리는 현상이 있습니다.

앞서 말했던 것처럼 호모 사피엔스가 태어난 것은 20만 년 전이지만, 흥미롭게도 5만 년 정도 전에 다양한 장식품과, 여러분에게도 친숙한 동

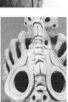

사진 1 '마음의 빅뱅'의 이미지
야쓰가타케난로쿠에서 발굴된 조몬토기군(이도지리고고관 팸플릿에서).

굴벽화의 예술작품 등, 이른바 상징적 의미를 가진 작품들이 한꺼번에 생겨났는데, 그것을 '마음의 빅뱅'이라고 부릅니다.

사진 1을 보십시오. 이것들은 야쓰가타케난로쿠[4]의 조몬시대[5] 유적군에서 나온 발굴품으로, 이도지리고고관[6]에 보관되어 있는 것입니다.

조몬 시대, 크게 구분하면 수렵·채집 시대 후반기에 이러한 작품군이 한꺼번에 만들어진 것인데, 지금 봐도 정말 대단하다고 할까, 현대 예술과도 통하는 면이 느껴지기도 하고, 마음이란 무엇일까 하는 주제와 관련해서도 '이것을 만든 사람의 세계는 어떤 것이었을까' 하고, 여러 가지로 생각하게 만듭니다.

덧붙여서, 이 한가운데에 있는 작품은, 어르신들은 기억할지 모르지만, 1970년 만국박람회의 상징이었던 '태양의 탑'과 비슷합니다. 오카모토

---

4 나가노 현과 야마나시 현의 경계에 있는 야쓰가타케 산의 남쪽 기슭
5 일본 신석기 시대의 한 시기
6 나가노 현에 위치한 고고학 박물관

타로(岡本太郎)가 바로 이 작품에서 영감을 받았다고 합니다. 지난번 올림픽 엠블럼의 표절 의혹이 문제가 되었습니다만, 지금이었으면 저작권 침해로 이 작품의 작가로부터 소송을 당할지도 모릅니다(웃음). 그렇지만 이 당시에는 개인의 작품이라는 의식은 없었을 것입니다. 아무튼 대단하다고 생각합니다.

요약하면, 물질적인 생산을 양적으로 늘린다는 발상이 아니라, 여기에는 그것을 초월한 '놀이와 창조성'이 있습니다. 즉, 실용성을 뛰어넘는 성격의 작품으로, 실은 이것도 '확대·성장에서 정상기로의 이행'과 관계있는 것은 아닌가, 수렵·채집 단계에서 정상기로의 이행이 바로 이러한 작품을 낳은 것은 아닌가 싶습니다.

2,500년 전의 추축시대도, 5만 년 전의 마음의 빅뱅도, 물질적 생산의 양적 확대로부터, 이른바 내적 혹은 문화적·정신적 발전으로의 전환기였다고 말할 수 있는 것은 아닐까요. 그저 내적이라고 표현하지만, 현대인이 말하는 개인의 내면과는 조금 다른 의미였다고 생각합니다.

가치적인 면에서 말하면, 앞에서 GAH 등의 이야기를 했지만, 단순한 물질적인 것을 초월한 행복의 의미를 새롭게 생각하게 된 것이 이 시대였던 것은 아닐까요. 추축시대에 대해 말하면, 불교의 '자비'와 '공' 등은 당시로써는 완전히 새로운 콘셉트 혹은 가치개념이고, 이것들은 모두 새로운 형태로 행복의 의미를 제기한 것이 아니었나 싶습니다.

지금까지의 이야기를 정리하겠습니다. 그림 4에 나타낸 것처럼, 인류사에는 확대·성장과 정상화의 주기가 있고, 수렵·채집 단계에서 정상화로의 이행기에 5만 년 전의 마음의 빅뱅이, 그리고 농경 단계의 정상화로의 이행기에 추축시대 혹은 정신혁명이 일어나고, 그리고 현대 우리가 세 번째 정상기로의 이행에 접어들었습니다. 그러한 인류사적 관점으로 보아

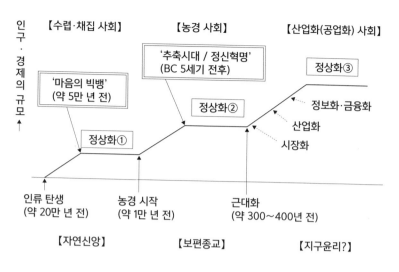

그림 4 인류사에서의 확대·성장과 정상화의 주기

서도 우리는 지금 큰 전환점을 앞두고 있는 것은 아닌가 합니다.

　뒤에서 다루겠지만, 마음의 빅뱅에서 자연신앙 혹은 애니미즘적인 정신이 생기고, 추축시대가 되어 보편종교 혹은 보편사상이 생겨났다고 하면, 아마 현대에는 그것에 필적할 만한 무언가 새로운 개념, 사상 같은 것이 요구되고 있는 것은 아닐까요. 일단 이 그림에서는 '지구윤리'라고 하였지만, 이것은 오늘 이야기의 마지막 부분에서 생각해 보려고 합니다.

자본주의/ 포스트 자본주의라는 문맥

　세 번째 문맥으로 포스트 자본주의라는 주제에 대해 생각해 보겠습니다. 이는 근대라는 시대와 겹치는 이야기입니다만, 그림 5는 서유럽 국가들의 GDP, 즉 경제 규모의 추이로 제일 왼쪽이 서기 1500년, 제일 오른쪽이 2000년입니다. 폭발적으로 경제활동이 확대되고, 특히 19세기 후반부터의 증가가 뚜렷함을 알 수 있습니다.

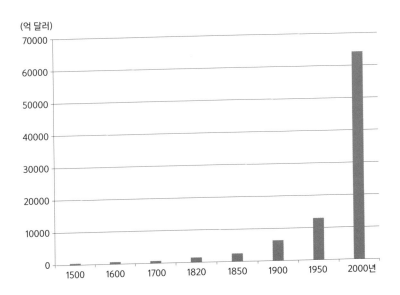

(억 달러)

그림 5 서유럽 국가들의 GDP 추이(1500~2000년)
* 대상국은 오스트리아, 벨기에, 덴마크, 핀란드, 프랑스, 독일, 이탈리아, 네덜란드, 노르웨이, 스웨덴, 스위스, 영국.
** 달러는 1990년 환산.
출처 Angus Maddison, *The World Economy: Historical Statistics*, OECD, 2003에서 작성.

　자본주의란 무엇인가 하는 것은 그것만으로도 큰 주제이지만, 여기
서의 포인트만 생각하면, 자본주의란 브로델(Fernand Braudel)이라는 역
사가가 논하듯이 단순한 시장경제가 아닙니다. 시장경제는 어시장의 경
매 등을 생각하면 알 수 있듯 고대부터 있던 것입니다. 그에 비해 자본주
의는 단순한 시장경제가 아닌, 시장경제 플러스 무한한 확대·성장으로의
질주라고 할까요, 상승을 향한 강한 추진력이 작용하는 것이 시스템으로
서의 자본주의가 아닐까 합니다.

　그것은 앞서 말했던 것과 같이, 자연자원의 대규모 개발과 착취가 그
토대이기도 하지만, 한 가지 더, 이것이 인간의 마음에 매우 큰 변화를 초
래했다고 말할 수 있습니다. 무슨 말인가 하면, 좋든 나쁘든 사리를 추구
한다, 즉, 개인의 이익 추구를 긍정적으로 생각하는 것입니다. 이는 무슨

어려운 이야기가 아니고, 개인의 이익 추구가 경제 전체를 크게 만드는 일이 되고, 결과적으로 모두의 이익으로도 이어진다는 발상입니다.

그때까지의 정상적인 사회에서는 파이의 전체가 한정되어 있었으므로, 한 사람의 몫이 늘어난다는 것은 다른 사람의 몫이 줄어든다는 것을 단순히 의미하기 때문에, 그것은 행위로서 바람직하지 않은 일로 생각되었습니다. 만약 파이 전체가 확대될 수 있다고 하면, 그것은 인간의 행동양식이나 가치의식에 상당히 큰 변화를 가져오게 됩니다.

그러한 전환을 상징하는 사상 혹은 작품으로, 맨더빌(Bernard Mandevillem)이 『꿀벌의 우화』(1723년)라는 책을 썼습니다. 그는 네덜란드 출생의 의사로, 영국으로 건너간 후 얼마 안 있어 사상가로도 활동했던 인물입니다. 어떤 내용인가 하면, 적은 욕망과 근검절약은 확실히 개인의 도덕으로서는 좋을지도 모르지만—이 책은 조금 도발적인 표현을 써서 당시 상당한 물의를 일으켰습니다만—'옳은 말을 하자'고 합니다. '국민의 부며 명예며 세속적 위대함을 높이는 데에, 그것들이 어떠한 이익이 되고, 어떠한 이 세상의 선을 행할 수 있을 것인가.' 즉, 지금까지는 절약이 선이었지만, 그렇지 않다고 말합니다. 맨더빌은 오히려 개인이 계속 자신의 이익을 추구하는 것이, 사실은 파이 전체의 확대를 통해 사회 전체의 이익으로도 이어진다고 주장했던 것입니다.

흥미롭게도, 『꿀벌의 우화』의 부제는 'Private Vices, Public Benefits' 입니다. private vices(사적인 악덕)가 public benefits(공공의 이익)로 이어진다는 매우 상징적인 표현을 하였는데, 이는 바로 앞에서 말한 자본주의의 정신에 겹치는 형태이고, 실제로 맨더빌의 사상은 아담 스미스와 벤담, 존 스튜어트 밀 같은 사상가에게도 영향을 끼쳤다고 합니다.

그러나 여기서 다시 입장이 바뀌는데, 한마디로 말해서 우리는 지금

맨더빌과 정반대의 지점에 서려는 것은 아닌가 싶습니다.

최근에는 여러 학문의, 문과 이과를 가리지 않고 다양한 분야에서 인간의 이타성, 협조성, 공동성을 강조하는 이론 및 연구가 다채롭게 나오고 있습니다.

이를테면, 이는 뒤에서 시모조 선생의 이야기에도 나오리라 생각하지만, 소셜 브레인(사회 뇌)이라는 주제가 있습니다. 인간 뇌의 진화 혹은 형성과정에서 타자와의 상호작용이 결정적인 역할을 했다는 논의입니다.

미국의 정치학자 퍼트넘(Robert David Putnam)의 『나 홀로 볼링』이라는 책 제목이 상징하듯, 소셜 캐피털(social capital), 즉 사람과 사람의 유대를 나타내는 사회관계자본이라는 개념이 다양한 영역에서 활발하게 논의되고 있습니다.

또한 폴 잭(Paul J. Zak)이라는 미국의 신경경제학자로 불리는 연구자가 『경제는 '경쟁'으로는 번영하지 않는다』라는 책을 썼는데, 이는 옥시토신(oxytocin)이라는 뇌 내 화학물질이 애정과 깊은 관련이 있다는 논의입니다. 마찬가지로 경제계에서 보울스와 긴티스(S. Bowles & H. Gintis)라는 연구자가 『A cooperative Species(협력하는 종)』라는 책을 냈습니다만, 이는 협조 행동을 한다는 바로 그 점이 인간이라는 종의 본질이라는 내용입니다. 앞서 이야기했던 다양한 '행복 연구'도, 지금까지 이야기한 내용과 이어집니다.

다시 말해 근대과학의 틀에서는 개인이라는 존재는 독립된 것이고, 게다가 이윤을 극대화하는 존재라는 모델이 일반적인 패러다임이었지만, 그렇지 않은 새로운 인간관, 세계관에 대한 논의가 현재 다양한 형태로 끓어오르고 있습니다. 즉, 개체를 초월한 모델과 인간의 사회적 관계성, 이타성, 협조 행동에 대한 관심이 높아지는 방향으로, 문과 이과를 뛰어

넘어 다양한 영역에서 움직이고 있습니다.

지금까지 이야기한 내용을 밑바탕에 두고, 그러면 어째서 이러한 논의가 다양한 학문 영역을 통해 우르르 나왔는가. 사실은 그것에는 사회적 혹은 구조적 배경이 있는 것이 아닌가 하는 점을 생각해 보려고 합니다.

확대·성장기에서 정상기로 옮겨가고 있는 경제사회에서, 지금까지와 같은 행동을 인간이 계속한다면, 인간 존재 자체가 위태로워지는 지점에 우리는 와 있다고 봅니다. 그러한 시대 상황이 배경에 있기에 이들 새로운 연구와 사상이 생겨난 것이 아닌가 생각합니다.

그 시대의 지식과 학문의 상태를 사회경제구조와 연관시켜 조금 멀찍이서 바라보면, "그 시대에 '적응적'인 윤리·가치원리·관념을 찾을 수 있고, 그것을 전개해 나간다"는 파악이 가능하지 않을까요. 이는 인간의 지식에 대한, 이른바 생태적인 파악이라고도 말할 수 있습니다. 맨더빌의 사상은 처음에는 반발을 샀지만, 점차 지지를 받게 되었습니다. 가장 본질적으로는 파이가 확대·성장하는 시대인가 정상화하는 시대인가 하는 것과 관계가 깊습니다.

지금은 다양한 문맥에서 근본적인 과도기에 놓여 있고, 새로운 윤리와 가치원리, 관념, 혹은 사회시스템이 요구되고 있다고 보여집니다.

제4의 확대·성장은 있는가

그런데 이러한 논의를 하다 보면, 반드시 다음과 같은 반론이 나옵니다. '인간은 항상 확대, 성장을 추구하는 존재인데, 오히려 그다음의 확대·성장 혹은 비약의 시기를 맞게 되는 것은 아닌가' 하는 주장이지요.

커즈와일(Ray Kurzweil)이라는 미국의 미래학자가 『특이점이 온다』라는 책에서 기술적 특이점(singularity)에 대해 논합니다. 컴퓨터의 2045년 문제라고도 불리는데, 그 주장은 고도로 발달한 인공지능과 개조된 인간이 결합하여 막강한 존재가 탄생한다거나 인간이 영원한 의식을 갖는다는 내용으로, 어떤 면에서는 황당무계하다고 해석될 수도 있지만, 미국 등지에서는 의외로 진지하게 논의되고 있기도 합니다.

이와 관련하여 〈트랜센던스(Transcendence)〉(2014)라는 영화가 있습니다. 제법 화제가 되었던 영화로, 개인적으로는 꽤 재미있고 좋아하는 영화라고 할 수 있는데, 지금의 이야기와 이어집니다. 조니 뎁이 연기하는 인공지능 연구자가 죽자, 그의 아내가 죽은 남편의 뇌 정보를 컴퓨터에 옮겨서 남편을 살리려고 합니다. 이윽고 그 컴퓨터가 폭주를 시작하여, 엄청난 혼란에 빠진다는 내용입니다. 이 작품에서도 마지막은 의식이 우주 및 자연과 하나가 된다는 메시지도 보여주기 때문에, 한마디로 황당무계하다고 잘라 말할 수 없는 면도 있습니다.

앞으로 제4의 확대·성장이 있다면, 이는 여러 가지가 섞여서 논의되겠지만, 크게 세 가지 정도가 되지 않을까 합니다.

첫째로 인공광합성의 가능성입니다. 앞서 말한 인류사와도 연결되는데, 인간 스스로 광합성을 한다는 궁극의 에너지 혁명입니다. 둘째로 SF 등에 자주 나오는 지구 탈출 혹은 우주 진출이라는 아이디어입니다. 그리고 셋째로 앞서 나온 포스트 휴먼에 대한 논의입니다.

이들에 대해서는 앞으로 다양한 논의가 이루어지겠지만, 이러한 것은 근본적인 해결책이 아니지 않을까 생각합니다. 현재의 모순을 내버려둔 채, 밖에서 기술적인 해결책을 구하는 것일 뿐이고, 문제 자체의 해결은 되지 않는다고 생각하기 때문입니다. 정상기의 '풍요'와 '지속 가능한 복지사회'라는 사회구상, 그리고 마음의 상태, 이러한 것이 과제가 되지

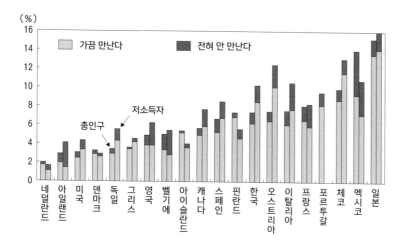

그림 6 선진 국가들의 사회적 고립 상황
주 이 주관적 고립의 측정은 사교를 위해 친구, 동료 또는 가족 이외의 사람과 전혀 또는 극히 드물게 만난다고 표시한 응답자의 비율을 말한다. 그림에서 나라의 순서는 사회적 고립 비율의 오름차순이다. 저소득자란 응답자가 보고한 소득 분포 하위 3번째에 해당하는 것이다.
출전 World Values Survey, 2001.

않을까 싶습니다.

2 _____ 마음과 커뮤니티·지역재생

지금 우리는 어떠한 시대를 살고 있는가에 대해 이야기했습니다. 여기서부터는 조금 빠르게 살펴보겠습니다만, 현재 일본에 닥친 과제에 대해 생각해 보겠습니다.

일본에서의 사회적 고립

그림 6의 국제 비교는 '선진 국가에서의 사회적 고립 상황'을 보여줍니다. 여기서 말하는 '사회적 고립'은 가족 이외의 타자와의 유대, 교류가 어

느 정도 있는가를 의미합니다.

살펴보면 일본은 가장 오른쪽에 위치해 있어, 오늘의 일본 사회는 안타깝게도 사회적 고립도가 선진국 가운데 가장 높은 것으로 자리매김 하고 있습니다. 하나의 조사이므로 이를 절대시할 필요는 없지만, 한번 생각해볼 만한 내용을 담고 있습니다.

이 그림에서 한 가지 더 재미있는 점은 개인주의가 강하다고 여겨지는 나라들, 이를테면 왼쪽으로 네덜란드, 미국, 덴마크 같은 나라들이 있는데, 그러한 나라들 쪽이 사회적 고립도가 낮고, 반대로 이른바 가족 중심 경향이 강한 나라—좋든 나쁘든 일본은 하나의 전형이라고 생각합니다만—일본, 멕시코, 포르투갈, 이탈리아 등 남유럽 국가들이 오른쪽의 사회적 고립도가 높은 부분에 위치하고 있습니다.

생각해 보면, 결국 개인주의적이라고 여겨지는 나라 쪽이, 가족과 집단을 벗어난 개인적 유대를 갖기 쉬운 반면, 가족주의적인 나라는 자칫 잘못하면 가족이나 특정 집단 안에 갇혀버려 그 관계를 벗어난 유대가 희박하게 되는 경향이 있어 보입니다.

커뮤니티를 하나의 주제로 연구하고 있습니다만, 일본 사회는 비유적으로 말해 '벼농사의 유전자'가 강한 사회라고 할 수 있습니다. 요컨대 2,000년에 달하는 벼농사 농경의 역사 속에서 그에 적응하기 위해 길러온 행동 패턴으로, '안과 밖'을 명확히 구별한다든지, 자주 듣는 말인 '분위기'에의 동조성과 집단 외부를 향한 배타성을 들 수 있습니다.

동조성 자체는 결코 부정적인 것이 아니지만, 오늘날과 같은 사회 속에서 그러한 행동을 계속하면 다양한 모순이 생기게 됩니다. 그것이 현대 일본 사회의 기본적인 과제가 아닐까 싶습니다. 즉, 도시화가 빠르게 이루어지면서, 그동안 길러 온 행동양식과의 차이가 매우 커졌습니다. 그것

	농촌형 커뮤니티	도시형 커뮤니티
특징	"동심원을 넓히며 이어진다"	"독립한 개인으로서 이어진다"
내용	'공동체적 일체의식'	'개인을 기본으로 하는 공공의식'
성격	정서적(&비언어적)	규범적(&언어적)
관련사항	문화	문명
	공동성	공공성
소셜 캐피털	결합형(bonding)	가교형(bridging)

표 1 농촌형 커뮤니티와 도시형 커뮤니티

이 앞서 이야기한 사회적 고립으로 이어져, 마음 문제의 한 국면을 차지하고 있는 것입니다.

달리 표현하면 '농촌형 커뮤니티'와 '도시형 커뮤니티'라는 커뮤니티의 두 가지 기본형이 있습니다. 일본 사회는 기본적으로 농촌형 커뮤니티 혹은 '공동체적 일체의식'으로 기울기 쉽고, 이 자체는 결코 부정적인 요소가 아니지만, 다른 한 종류인 도시형 커뮤니티, 즉 개인과 개인이 독립하여 느슨하게 이어지는 관계성 혹은 공공성이 역시 인간에게는 필요하고, 일본 사회는 이쪽을 발전시켜 갈 필요성이 크다고 봅니다(표 1).

지금 이야기하고 있는 것과 같은, 사람과 사람의 유대에 대한 이야기는 근래 여러 연구 분야에서 화제가 되고 있습니다. 앞서 나온 소셜 캐피털과 관련해서는, 사람과의 유대 관계가 건강 수준과도 관계가 깊다는 조사가 있습니다. 또 일본에서 실시한 전국 각 지역별로 본 '고령 1인 가구 비율과 개호의 경도 인정율(介護の軽度認定率)의 상관'이라는 조사도 있습니다. 내용은 아주 단순한데, 쉽게 말해 혼자 사는 세대가 많은 지역일수록 개호의 인정율이 높다는 내용입니다. 혼자 살면서 게다가 집에만 틀어

박혀 있게 되면, 아무래도 전체적으로 몸과 마음에 좋지 않은 영향을 미친다는 이야기입니다.

'있을 곳'을 둘러싼 과제

사회적 고립이라는 이야기를 했습니다만, 이는 마음이라는 주제에서도 매우 큰 문제라고 생각합니다. 기본적인 내용을 이야기하면, 현재 65세 이상의 1인 가구는 1995~2010년 사이에만도 남성은 46만 명에서 139만 명으로 늘고(약 3배) 여성은 174만 명에서 341만 명으로 늘어(약 2배) 각각 93만 명, 167만 명이 증가했으며, 앞으로는 더욱 빠른 속도로 증가할 전망입니다.

이와 연관된 재미있는 조사를 소개합니다. '퇴직 후의 있을 곳'이라는 제목으로, 수도권에 사는 60~74세의 남녀 1,236명에게 '당신은 자택 이외에 정기적으로 가는 곳이 있습니까'라고 물은 조사입니다(일본경제신문사·산업지역연구소 《초고령사회의 실상》 조사보고서, 2014년 9월).

재미있게도 남녀 모두 가장 많은 1위가 도서관입니다. 그다음은 남성과 여성이 조금 다릅니다. 여성은 그다음으로 이어지는 곳이 스포츠클럽, 친척 집, 친구 집이었지만, 남성은 그러한 곳은 적고 다음으로 많은 장소가 '공원'이었습니다. 공원에서 남자가 홀로 서성이는 모습이 눈앞에 떠오르는 내용입니다(웃음).

요약하면, 전반적으로 오늘의 일본 사회에는 'The third place(제3의 장소)'라고 불릴 법한 장소, 즉 집과 직장 이외의 갈 곳이 매우 부족한 상황이지 않은가, 그리고 이러한 공간적인 요소가 마음과 깊은 관계가 있는 것은 아닌가 하는 점입니다.

그렇다고는 하지만 이곳 교토에는 그와는 조금 다른 면이 있다고 생각합니다. 상당히 성숙한 도시사회의 전통이 있으므로 산책하는 중에도 느꼈지만 가모가와[7] 강변의 강둑은 많은 사람이 거닐기도 해서, 제3의 장소로서도 좋은 곳이겠지요.

그러나 일본 사회 전체로 보았을 때, '있을 곳'을 찾기가 매우 어렵게 된 듯합니다. 고도 성장기에는 농촌에서 도시로 인구의 대이동이 있었는데, 그러는 사이 회사와 집이 '있을 곳'이 되고, 특히 남성에게는 회사='있을 곳'이 되었습니다. 그것이 고령화가 진행되고, 고령화뿐만 아니라 개인 단위화가 진행되면서 '있을 곳'이라는 주제가 매우 심각한 과제가 되었습니다.

마음과 공간, 지역재생

지금까지 살펴본 내용을 바탕에 두고, 앞으로는 마음 혹은 커뮤니티라는 관점을 토대로 한 지역 활성화 및 도시 정책이라는 접근이 과제가 되지 않을까요.

해외에서 비교적 오래 머물렀던 곳은 미국으로 3년 정도 살았습니다만, 일본과 미국의 도시는 생산자 중심, 그리고 자동차 중심이라는 느낌이 강합니다. 반면 유럽의 도시에서는 고령자가 아주 자연스럽게 카페나 시장 등에서 여유롭게 시간을 보내는 모습을 흔히 볼 수 있는데, 그러한 공간이 있다는 것은, 경우에 따라서는 의료복지시설을 만드는 일 이상으로 중요하다고 생각합니다. 특히 독일, 프랑스와 북유럽에 뚜렷한 현상입니다만, 도시 중심부는 자동차를 배제하여 보행자만의 공간으로 만들고 있습니다.

---

7 교토 시내를 남북으로 흐르는 강

사진 2

사진 3

사진 4

사진 2는 프랑크푸르트인데 '앉을 장소'의 중요성을 알 수 있습니다. 일본을 방문했던 외국인을 상대로 실시한 설문조사가 있었는데, 일본에서 불편했던 점 1위로 거리에 앉을 수 있는 장소가 적다는 것을 꼽은 일이 있어, 의외라고 생각하면서 동시에 정말 그렇구나 싶었던 적이 있습니다. 요컨대 거리가 단지 통과하는 장소, 데면데면한 장소이기만 한 것이 아니라, 느슨한 유대가 느껴지는 일종의 커뮤니티 공간이 된 것입니다.

사진 3은 스위스의 취리히로, 이렇게 앉아서 한가로이 여유를 즐기는 이미지입니다. 사진 4는 독일의 에를랑겐이라는 도시로, 유모차를 끄는 사람과 휠체어를 탄 노인이 평범하게 지나다니는 모습입니다. 이러한 일상적인 일이 매우 중요하다고 생각합니다. 덧붙여 한 가지 더 말하면, 에를랑겐은 인구가 10만 명 정도입니다. 여러분도 알고 있듯, 유감스럽게도 요즘 일본의 인구 10만 명 정도의 지방도시는 중심부가 공동화되어 셔터 마치[8]화되어 있는 곳이 많습니다. 따라서 이러한 지역재생은 복지 및

8 상점과 사무실이 폐점, 폐쇄되어 셔터를 내린 곳이 많은, 퇴색한 상점가와 거리를 가리키는 말

커뮤니티, 환경에 긍정적일 뿐 아니라, 도시의 번성, 활성화, 지역 내 경제 순환으로도 이어진다는 것입니다.

그리고 이 같은 공간적인 관점이 마음이라는 주제에서도 매우 중요하지 않겠나 생각합니다. '커뮤니티 감각'이라고 부를 수 있는 소프트웨어 혹은 마음과 관련된 차원과, 공간 구조라는 하드웨어적인 면을 연결하여 생각하는 일이 매우 중요합니다.

3 _____ 마음과 경제사회―'지속 가능한 복지사회'의 구상

한 가지 더 오늘날의 과제로 이야기하고 싶은 것은 '마음과 경제사회'입니다.

커뮤니티와 평등 혹은 수평축과 수직축

여기서 피할 수 없는 주제로, 커뮤니티적인 유대의 전제조건으로서 일정 이상의 평등이 중요해집니다. 무조건 평등이 좋다고는 생각하지 않지만, 격차나 빈곤 같은 문제가 어느 한도를 넘으면 사회에 다양한 단절이 생깁니다.

앞에서도 언급했던 정치학자 퍼트넘은 『나 홀로 볼링』의 한 구절에서 "한 세기에 걸친 농장노예 제도에, 다시 한 세기의 흑인차별 정책이 계속되던 지역에서, 커뮤니티를 기반으로 한 사회관계자본이 최저 레벨을 보인다는 사실은 우연한 일이 아니다. 불평등과 사회적 연대는 근본적으로 양립 불가능하다."는 표현을 하고 있습니다.

앞서 나온 소셜 캐피털(사회관계자본), 즉 사람과 사람과의 신뢰와 관

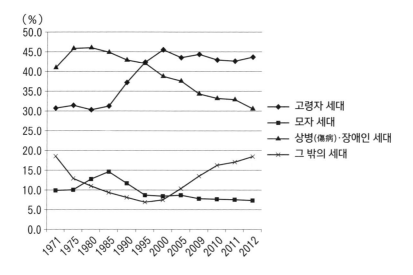

(%)

그림 7 생활보호에서의 세대 유형 비율의 추이
출처 후생노동성 사회·원호국 '피보호자 조사'에서 작성.

계의 질이 미국 남부에서는 대체로 낮은 것에 대해 이러한 코멘트를 하고 있는 것입니다. 조금 더 이론적으로 말하면, 커뮤니티라는 이른바 수평적인 관계성과 격차·빈곤과 같은 수직축은 역시 관련이 있습니다.

그러한 관점에서 일본에서의 실업률 연차 추이를 보면, 20~30대 청년의 실업률이 고령 세대보다 높은 상황입니다. 최근 실업률 자체는 다소 떨어졌지만, 비정규 고용이 늘어난 면이 있기도 하고, 또한 고도 성장기를 거치며 생활보호를 받는 사람의 비율이 줄었던 것이 1995년 이후는 상당한 속도로 늘어나서, 역대 최고를 기록했다는 보도가 최근에도 계속 나오고 있습니다.

생활보호 수급자의 내역을 보면, 고령자가 많고 전체의 절반을 조금 밑돌고 있지만, 근래 현저하게 증가하고 있는 쪽은 청년층을 포함하는 '그 밖의 세대'이고, 중대한 상황에 처해 있습니다(그림 7).

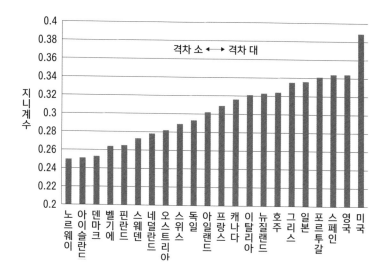

그림 8 소득 격차(지니계수)의 국제 비교

* 주로 2011년의 수치.

** 여기서의 소득은 재분배 후의 가계당 가처분소득(가계 구성원 수에 따라 조정).

출처 OECD, Social and Welfare Statistics에서 작성.

　이는 일본만이 아니라 크게는 선진국들의 공통된 상황이고, 그 배경에는 전체적으로 현재의 자본주의 시스템에서는 생산이 과잉되어 있어, 즉 물건이 넘치는 시대여서 제품이 남아서 쌓이는 생산 과잉의 구조가 있다고 봅니다. 그 결과로서 실업과 비정규 고용의 문제가 생긴다고 생각하기 때문에, 노동시간의 단축과 같은, 과잉을 억제해 나가는 대응이 중요하고, 또한 사회보장 등의 재분배정책이 중요해집니다.

　그림 8은 지니계수, 즉 경제 격차를 나타내는 지표의 국제 비교입니다. 오른쪽이 지니계수가 큰, 격차가 큰 나라들이고, 왼쪽이 격차가 작은 나라들입니다. 가장 왼쪽에 있는 나라들, 즉 격차가 작은 쪽이 북유럽 국가들이고, 이어서 중부 유럽, 즉 독일이나 프랑스가 있고, 오른쪽은 남유럽과 앵글로색슨 계의 나라들, 그리고 가장 오른쪽에 미국이 있습니다.

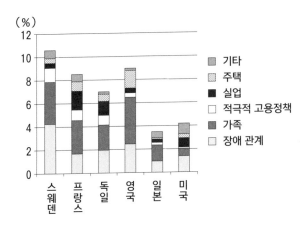

그림 9 '인생 전반기의 사회보장'의 국제 비교(대GDP비, 2011년)
출처 OECD, Social Expenditure Database에서 작성.

일본은 과거 더 왼쪽에 있었습니다. 중부 유럽과 같았던 것이 1980년대, 90년대 이후, 점점 격차가 커져서 지금은 오른쪽의 격차가 큰 그룹에 속하고 있는 상황입니다. '일본은 비교적 평등한 나라다'라고 여전히 생각하는 사람이 있지만, 현재는 그렇지 않습니다. 이러한 상황에의 대응이 오늘날의 과제입니다.

'인생 전반기 사회보장'의 중요성

그렇다면 어떠한 수단이 필요할까요. 중요하다고 생각되는 것을 하나, 둘 꼽다 보면, '인생 전반기의 사회보장'이 특히 중요하다는 생각이 듭니다.

좋든 나쁘든 일본 사회는 고령화가 이미 진행되어 있으므로, 사회보장 전체 가운데 약 70%가 고령자 관련입니다. 물론 그것도 매우 중요하지만, 가족이나 어린이, 젊은 세대에 대한 지원이 국제적으로 보아도 상당

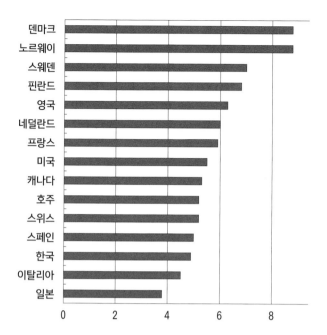

덴마크
노르웨이
스웨덴
핀란드
영국
네덜란드
프랑스
미국
캐나다
호주
스위스
스페인
한국
이탈리아
일본

0   2   4   6   8

그림 10 공적 교육지출의 국제 비교(대GDP비, 2010년)
출처 OECD, *Education at a Glance 2013*에서 작성.

히 낮습니다. 그러나 현재 실업률이 가장 높은 쪽은 젊은 세대이고, 격차가 부모에서 자식에게로 세대를 넘어 누적되어서 전달되는 상황으로, 인생의 시작을 공통의 출발선에 세울 수 있는 사회, 그것이 보장된 사회시스템이 매우 중요합니다.

덧붙여, 저출산의 배경으로도 20, 30대 남성의 경제 상황이, 이를테면 연봉이 300만 엔보다 많은가 적은가에 따라 결혼율이 상당히 차이가 나는 등, 다양한 문제로 파생되어 나타납니다.

인생 전반기의 사회보장이라는 점에서는 유감스럽게도, 국제 비교를 하면 일본은 그 급부가 가장 낮고 매우 부족합니다. 사회보장은, 적은 편에 속하는 미국보다도 더 낮은 상황입니다(그림 9).

그리고 그림 10은 '공적 교육지출의 국제 비교'입니다. 공적인 교육 지출이 GDP 대비 어느 정도의 규모를 차지하는가를 나타낸 것으로, 이 것도 유감스럽게 일본은 OECD(경제협력개발기구) 가맹 34개국 중 최저 로 공적인 교육지원이 매우 적습니다. 특히 취학 전과 고등교육기에 교육 에서의 사비부담 비율이 높다는 점이 일본의 특징입니다(고등교육에 대 해서는 사비부담 비율이 OECD 평균 31.6%인데 비해, 일본은 65.6%. OECD, Education at a Glance 2013).

오늘은 문부과학성에서도 참석하기 때문에 이 점을 강조해 보려 했 습니다만, 문부과학성을 나무란다고 해결될 일이 아니지요, 이는 재무성 이라든지 더 큰 재정 혹은 공적자금 배분 구조의 문제이기 때문입니다. 이러한 상황은 역시 긴 안목으로 볼 때 일본 사회의 미래를 위해 바람직 하지 않다고 생각합니다만, 많은 사람이 이에 동감하지 않을는지요.

'지속 가능한 복지사회'의 구상

전체적으로 앞으로는 '인생 전반기의 사회보장'을 포함하여, 이른바 사전적·예방적 정책이라는 방향이 중요해질 것이라고 봅니다. 바꾸어 말 하면 이른 단계에서의 지원이라고 할 수 있는데, 빈곤에 빠지기 전에, 실 업에 빠지기 전에, 개호가 필요한 상태가 되기 전에 등등, 이른 단계에서 지원하는 것입니다. 동시에 제도를 초월한 커뮤니타라고 할 수 있는 것, 혹은 사람과 사람과의 관계성이 매우 중요해질 것입니다. 즉, 사후적으로 돈을 분배하기만 하는 사회보장이 아니고, 가능한 한 이른 단계에서 커 뮤니티를 포함하여 지원하는 것입니다. 그러한 방향이 중요하고, 또한 마 음의 주제와도 매우 관계가 깊다고 생각합니다.

그러한 점을 포함하여, '지속 가능한 복지사회'라는 사회상을 계속

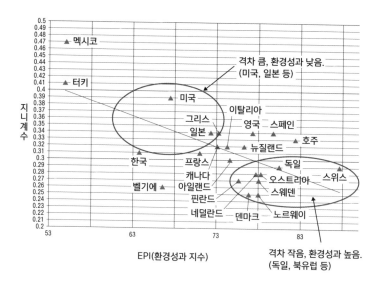

그림 11 '지속 가능한 복지사회(녹색복지국가)'지표
＊ 지니계수는 주로 2011년(OECD데이터). EPI는 예일대 환경법·정책 센터가 책정한 환경종합지수.
출처 히로이 연구실 작성.

생각해 왔습니다. 그 이미지를 나타낸 것이 그림 11로, 세로축이 경제 격차의 정도(지니계수)의 축이고, 가로축은 환경보전의 성과에 대한 지수입니다. 전자는 '복지', 후자는 '환경'에 관련된 축이라고도 말할 수 있습니다. 흥미롭게도 미국, 일본 등 격차가 큰 사회 쪽이 대체로 환경성과가 낮고, 반대로 북유럽과 독일 등 격차가 작은 사회 쪽이 환경성과가 높은 경향을 보입니다. '지속 가능한 복지사회'라는 사회상은 이 오른쪽 아래의 격차가 작고 환경성과가 높은 나라들과 겹치게 됩니다. 그것은 앞에서 이야기한 '확대·성장과 정상화'의 주제와 이어지는데, 오로지 경제의 확대·성장만을 추구하는 사회가 아니라, 오히려 부의 분배와 평등, 그리고 환경에 축을 둔 사회상이고, '풍요'와 '행복'이라는 주제와도 이어지므로, 마음과의 연관성도 포함하여 앞으로 더욱더 생각하고 구상하여 실현해 나가야 하는 바람직한 사회상이라고 생각합니다.

진주노모리·자연 에너지 커뮤니티 구상

내가 관여하고 있는 '진주노모리[9]·자연 에너지 커뮤니티 구상'이라는 프로젝트에 대해 조금만 이야기해 보겠습니다. 최근 몇 년 동안 소소하게나마 진행하고 있는 프로젝트입니다.

처음에 알고 깜짝 놀랐습니다만, 전국의 신사와 사찰의 수는 각각 8만 수천 곳 정도씩 되는데, 편의점 점포 수가 약 5만이니까, 이는 어마어마한 숫자입니다. 신사의 숫자는 메이지 시대(1868~1912년) 초기에는 20만 가까이 됐다고 하니, 결국 당시 일본의 지역 커뮤니티 숫자와 거의 일치하는 수치입니다. 그리고 이러한 장소가 좁은 의미의 종교적 기능을 넘어, 마쓰리(축제), 몬젠마치[10] 같은 커뮤니티 및 경제기능, 서당과 같은 교육기능, 혹은 세대 간의 유대를 포함하는 지역의 거점이었을 터이지만, 그러한 것들이 점점 잊혀 갔습니다.

그러나 최근에는 학생을 비롯한 젊은 세대들이 그런 것에 대한 관심이 많아지고 있다고 느낍니다. 그것을 오늘날의 과제인 자연 에너지의 분산적 거점 정비와 결부시켜, 자연신앙과 커뮤니티가 하나가 된 자율적인 지역 만들기 및 지역 재생을 전개하려는 것이 이 프로젝트의 취지입니다.

이미 선행적인 예가 있습니다. 기후 현과 후쿠이 현의 현 경계 부근에 이토시로 지구라는 곳이 있는데, 옛날부터 이곳은 하쿠산(白山)[11] 신앙의 거점으로 번영한 장소였지만, 지금은 한계 취락[12]처럼 되어 버린 곳이

9 신사를 둘러싸고 있는 숲
10 신사·절 앞에 이루어진 시가
11 후지산, 다테야마와 함께 일본 3대 명산으로 불림
12 인구의 과반수가 65세 이상 노인으로, 사회적 공동생활을 지속하기 어려운 취락

기도 합니다. 이곳으로 U턴[13], I턴[14]을 포함한 젊은 세대가 지역재생기구라는 NPO를 만들고, 소수력(小水力)발전의 자연 에너지를 중심으로 하는 지역진흥책을 수년 전부터 추진하고 있습니다.

2011년에 이 사업을 주도적으로 진행하고 있는 히라노 아키히데라는 사람과 연락했을 때 들은 말이 매우 인상적이었습니다. 그 말은 "이토시로 지구는 하쿠산 신앙의 거점이 되는 마을이기 때문에, 소수력발전을 보러 오는 사람은 반드시 신사에 참배하도록 하고 있습니다", "자연 에너지는 자연의 힘을 빌려 에너지를 만들어 낸다는 사고방식"이고, "지역에서 자연 에너지에 공을 들이는 것은 지역 자치와 커뮤니티의 힘을 회복하는 일이라고, 우리는 생각하고 있습니다"라는 메시지였습니다.

로컬 레벨에서 출발하여, 즉 사람·물건·돈이 지역 내에서 순환하는 모습에서 출발하여, 그곳에서부터 국가적, 세계적으로 중층적으로 재분배를 쌓아가는 사회상, 이것이 앞서 말한 '지속 가능한 복지사회'라는 비전과 정확히 겹친다고 생각합니다. 자세한 내용은 생략합니다만, 현재 소소하지만 이러한 관점도 밑바탕에 두고 '진주노모리·자연 에너지 커뮤니티 구상'이라는 프로젝트를 진행하고 있습니다.

그리고 그림 12에서와 같이, 피라미드의 가장 위가 개인이라고 하면, 그 아래에는 커뮤니티가 있고, 다시 그 아래에는 자연이 있습니다. 앞서 나온 가와이 선생의 이야기로도 이어지는 주제입니다만, 근대사회에서 개인이 점점 분리되어 갔던 것을, 다시 한 번 그 바탕에 있는 커뮤니티, 자연, 더 나아가 가장 밑바닥에 있는 영성이라고 부를 수 있는 차원으로 이어 나가는 것입니다. 이것이 기본적인 주제가 아닌가 싶습니다.

---

13 젊어서 학업과 직장을 위해 상경했던 세대가 고향으로 돌아가는 현상
14 도시 토박이가 농촌으로 이주하는 현상

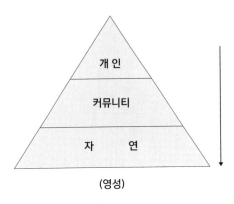

그림 12 개인·커뮤니티·자연을 잇는다.

    그때 자연의 영성을 이해하는 것에 본질적인 의미가 있다고 생각합니다. 이에 대해서는 마음의 미래연구센터의 가마타 도지(鎌田東二) 선생도 '자연의 영성'이라는 것을 말하고 있습니다만, 자연 속에는 단순히 물질적인 것이나 유와 무를 초월한 무언가를 찾아내는 감각 혹은 자연관이, 일본 사회뿐만 아니라 지구 상의 다양한 지역의 가장 깊은 부분에 있는 것은 아닐는지요. 이를 소중히 여기는 일이 중요하지 않겠나 생각합니다.

마치며—글로벌 정상형 사회와 지구윤리의 가능성

서두의 'Japan syndrome(일본증후군)' 이야기로 이어집니다만, 고령화가 중국 등을 포함하여 지구 레벨로 진행되고 있습니다. 머지않아 세계인구는 점차 증가세가 완만해지고, 약간의 희망적 관측을 포함한 것이지만, 2100년에는 약 110억 명으로 안정된다는 국제연합의 인구추계가 있습니다. 인구학자인 루츠(Wolfgang Lutz)라는 사람이 '20세기가 인구 증가의 세기—세계 인구는 16억 명에서 61억 명으로 증가했다—였다면, 21세기는 세계 인구 증가의 종언과 인구 고령화의 세기가 될 것이다'라고 했는데, 그 말이 맞다고 생각합니다.

나의 견해로는 글로벌 정상형 사회라고도 부를 수 있는 전망, 즉 '21세기 후반을 바라보는 세계는 고령화가 고도로 진행되고, 인구와 자원 소비도 균형을 찾아가는 등, 어떤 정상점(定常点)을 향하고 있으며, 또 그렇게 되지 않으면 지속 가능하지 않다'는 인식이 중요할 듯합니다. 그 속에서 일본은 인구 감소와 고령화의 선두 주자와 같은 존재로서, 단순한 확대·성장의 방향을 초월한 사회를 구상하고 실현하는 일이 일종의 사명이 될 것입니다. 더구나 인류사적으로는 지금 제3의 정상기로 이행해 가는 과정으로서, 지금까지 없던 새로운 관념과 사상이 요청되고 있습니다. 다음과 같은 '지구윤리'라고 부를 수 있는 것을 생각할 필요가 있지 않겠나 싶습니다.

최초의 수렵·채집 단계의 정상기에 '마음의 빅뱅'이 일어나고 자연신앙이 생겼습니다. 그리고 기원전 5세기 무렵 야스퍼스가 말하는 추축시대에 불교와 유교, 그리스 철학, 구약사상과 같은 보편 종교 및 보편 사상이 생겼습니다. 그것들을 다시 메타 레벨에서 봄과 동시에, 앞의 '진주노

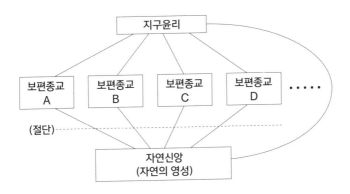

그림 13 '지구윤리'의 가능성

모리' 이야기에서 했던 것처럼, 그 가장 밑바닥에 자연신앙으로 이어지는 가치원리와 같은 것이 지금 필요해진 것이 아닌가 싶습니다(그림 13. 그림 4도 참조). 바꿔 말하면, 개인과 커뮤니티와 자연이라는 피라미드의 그림을 보았습니다만, 개인을 초월해 가는 방법과, 자연의 근저로 향하는 혹은 지역의 근원으로 향하는 일이 일종의 순환하는 원리로서 있을 수 있지 않을까 생각합니다.

마음의 잠재과정과 '내력'

—지각, 진화, 사회뇌

시모조 신스케

'마음과 역사성'이라는 전체 주제에 맞게, 마음의 잠재과정과 '내력'에 초점을 맞추어 이야기해보려고 합니다. 이 '내력'이라는 개념이 처음에는 조금 어렵게 들릴지도 모릅니다. 이는 확립된 학술용어가 아니고, 내가 개인적으로 사용하는 용어입니다(시모조 신스케 『'의식'이란 무엇인가─뇌의 내력, 지각의 착오』). 원래는 생리학에 'hysteresis(이력효과)'라는 콘셉트가 있는데, 마침 지각의 순응과 잔상(뒤에서 설명합니다)에 대한 연구를 하고 있을 때 그 개념을 접하고 번뜩한 일이 계기가 되었습니다.

굳이 번역을 하자면 'personal history'에 가까운 의미이지만, 좀 더 깊은 뜻을 담고 있다고 생각합니다. 이 이야기를 하면 "불교에서 말하는 '인연'과 비슷하네요"라고 말하는 사람도 있으니까, 그쪽이 이해하기 쉽다면 인연 비슷한 이야기를 조금 과학적으로 하고 있다고 생각해도 좋습니다.

1 ____ '내력'이란

'내력'이라는 말로 표현하고자 하는 것은 비유해서 말하면 나이테입니다. 나이테에는 그 개체의 개인사가 동시적으로 집약되어 나타납니다. 이 '동시적으로'라는 부분이 중요한데, 안쪽일수록 오래된 경험을 반영하고, 조몬스기[1]처럼 수령이 긴 나무라면, 그야말로 수천 년 혹은 더 옛날까지 더듬어 갈 수 있을 것입니다(믿기 힘든 이야기이지만, 방사성탄소에 의한 계측으로 수령 약 1만 년으로 추정된 나무도 있다고 합니다). 그리고 이번 겨울은 추워서 나이테의 폭이 좁다든지, 물이 풍부하고 온난해서 잘 자라 폭이 넓다든지, 여러 가지를 알 수 있습니다. 개체를 뛰어넘는 유전적 역사가 먼 과거에서부터 최근까지 반영되어 있습니다. 가와이 선생의 이야기에 '마음의 고층(古層)'이라는 키워드가 나왔습니다만, 그와도 관계가 깊습니다.

여러분도 경험해 봤으리라 생각합니다만, 스키를 타러 가서 파란색 선글라스를 잠깐 끼고 있다가 확 벗으면, 흰색 눈이 노란색이나 주황색으로 보입니다. 이를 색 잔상이라고 합니다. 주황색으로 보이는 현상은 어느 순간의 지각에 지나지 않지만, 주황색으로 물들어 보이기 위해서는 무엇과 무엇이 필요한가를 생각해 보면, 과거로 거슬러 올라가지 않으면 안 됩니다. 물론 직전의 몇 분 동안 파란색 선글라스를 끼고 있었다는 점이 중요하고, 그 자체가 '내력'이지만, 그 이전에 전제가 있습니다. 어릴 때부터 평범한 시각 경험을 하고 발육이 거의 정상이라든지, 눈꺼풀 처짐이나 백내장 같은 안질환으로 시각 경험이 박탈되거나 하는 일이 없었다든지,

---

[1] 가고시마 현 야쿠시마 섬에 자생하는 수령 2,000~7,200년으로 추정되는 거대 삼나무

그 이전에 유전적으로 건강하다든지 등, 여러 가지 선행하는 조건이 있습니다. 처음부터 소위 색각이상이라면, 색깔이 보이는 방식이 전혀 다르기 때문입니다. 유전적 과거까지 전부 유효해집니다. 즉 '이 순간'의 지각 경험 속에, 과거의 다양한 요소들이 개체의 역사를 넘어 겹쳐지고 있는 것이지요. 색 지각은 나의 전문에 가깝기 때문에 뒤에서 조금 더 자세히 이야기하겠습니다만, 현재와 과거의 다양한 측면을 인식하기에 '내력'이라고 말하는 것입니다.

오늘 강연에서는 십여 년 전에 책에 쓰고(『'의식'이란 무엇인가』) 그대로 내버려두어서 여러 사람에게 자주 질문받는 '내력'이라는 사고방식을 깊이 파헤쳐 보려 합니다. 사실은 가와이 선생이 내준 숙제이기도 합니다. 강의하면서 살을 붙여 나가겠습니다.

2 ____ '내력'에 의해 많은 수수께끼가 풀리다

'많은 수수께끼가 풀린다'는 조금 지나친 표현일지도 모르지만, '내력'을 깊이 생각함으로써 새로운 각도에서 어려운 문제를 정리하고, 접근할 수 있게 되기도 합니다. 또 반대로, 그렇게 함으로써 '내력'이라는 사고 방식 자체에 대해서도, 여러 각도에서 새로운 살 붙이기가 가능해집니다. 그러한 관계가 성립한다고 생각합니다.

비교적 최근에 흥미를 가진 시사 문제로, 2020년 도쿄 올림픽의 엠블럼 문제가 있었습니다. 내력과 무슨 상관이냐고 생각하겠지만, 크게 관련이 있다고 생각합니다. 일의 경위를 돌아보면, 디자인위원회가 공식적으로 정한 엠블럼의 디자인을 두고, 인터넷상의 비전문가 고발자들('코피페[2] 경찰')이 Google의 이미지 검색 등을 활용해서는, 그 디자인이 벨기에의 극장 로고와 매우 유사하다고 떠들어 댔습니다. 그 일이 계기가 되었다고 합니다(이하, 시모조 신스케 '올림픽 엠블럼 문제, 코피페 경찰의 횡행을 우려하다' 2015년 8월 24일 외, '아사히신문 디지털 WEBRONZA'에서).

이런 종류의 문제는 기본적으로 얼마 안 가 헤어날 수 없는 지경에 이르게 됩니다. 왜냐하면 어떤 것이든 새로운 디자인을 내놓으면 '코피페 경찰'이 움직여서, 과거의 그와 비슷한 디자인을 찾아오기 때문입니다(아무도 거들떠보지 않을 것 같은 상당히 이상야릇한 디자인이라면 모르겠지만, 그렇다면 디자인으로서 쓸모가 없겠지요). 그러나 '표절인가, 우연의 일치인가'라는 표면적인 문제를 넘어 여기에서 보다 본질적으로 제기되는 것은 '본보기가 있는 독창성을 인정할 것인가' 하는 문제입니다. 독창적인 작품이라고 사람들이 인정하는 데에는, 그 작품에 그 나름의 문화사적 문맥, 보다 넓게 말하면 그야말로 '내력'이 필요하기 때문입니다.

본래 어떤 디자인이 더 마음에 든다고 하는 개인의 판단에는 신기성(novelty)과 친근성(familiarity)이라는 두 가지의 원리가 작용한다는 사실이, 문헌과 우리의 연구로 밝혀졌습니다(Park et al., 2010). 신기성의 원리, 즉 새로운 것일수록 호감을 갖는다는 증거가 동물실험을 비롯하여 여러 가지 있습니다. 한편 친근성의 원리, 즉 친숙한 것일수록 매력이 있다는 증거도 '단순접촉효과'를 비롯하여 여러 가지가 있습니다.

광고나 히트곡, 패션의 유행 등을 생각해 보면, 이 두 원리가 기능하고 있음을 바로 알 수 있을 것입니다. 엔카(演歌)라면 친근성이 우선하는데 '왠지 들어본 것 같지만 조금 다르네' 하는 정도가 좋고, 재즈라면 조

---

2 복사해서 붙여넣기를 뜻하는 일본어 준말

금 더 모험적인 악구, 즉흥 연주가 사랑받기도 한다는 등의 예를 들 수 있습니다.

한편 현대 예술과 상업 디자인을 비교하면, 아마 현대 예술은 신기성이 우선이고, 상업 디자인은 친근성이 우선이라고 말할 수 있을 것입니다. 어떤 것이 됐든 양쪽 모두가 필요하고, 그 조합이 중요한 듯합니다. 이 단적인 사실이 앞서 말한 본질적인 문제, 즉 '본보기가 있는 독창성을 인정할 것인가'라는 문제에, 이미 해답의 방향을 보여주고 있습니다. 그것에 대해서는 이해하리라 생각합니다.

이 건에 관해 한 가지 더 말씀드리겠습니다. 비슷하다는 판단을 누가 어떠한 자격으로 할 것인가. 아무리 객관적 지표를 개발한다 해도 결국 대다수가 '비슷하다'고 말하면 비슷한 것이고, 궁극적으로는 주관적 판단이 되고 맙니다. 그리고 그 주관적 판단은 내력에 의존합니다.

이 예는 시사적인 응용문제에 지나지 않으므로, 깊이 들어가지는 않겠습니다. 요점은 '내력'이라는 사고방식으로 파고들다 보면, 신문에 나올 법한 여러 현대적인 사건들을 이해하는 데 도움이 되지 않을까 싶습니다.

3 ____ 색 지각—사례 연구

앞서 다루었던 색 지각에 관한 이야기는 나의 전문 분야에 가까운 것이므로, '내력'에 대한 일종의 사례 연구로서 조금 깊이 들어가 보겠습니다.

색깔이나 디자인을 논하다 보면, 대개 문화라는 이야기로 결론이 납니다. 그 이야기는 그 나름대로 재미있는데, 이를테면 음식 색깔의 경우에도 맛있어 보이는 색깔은 대개 정해져 있지만, 문화의 영향도 받습니다. 일본의 스시 장인의 색채 감각과, 지식으로 얕게 배운 유럽이나 미국의 스시 장인의 색채 감각은 전혀 다릅니다. 내가 사는 캘리포니아에는 보라색 조명을 사용하는 초밥집이 있는데, 한 번 가고는 두 번 다시 가지 않습니다(웃음). 일본에서는 아마도 있을 수 없는 일이겠지요.

다시 말해 색 지각이 어느 정도 문화의 문제인 것은 맞지만, 다양한 언어의 사전을 보면 색에는 독특한 정동적(情動的) 의미가 있고, 그 의미는 언어들 사이에 상당히 공통됩니다. 언어의 발생을 생각하면, 사람의 자연언어는 여러 대륙의 다양한 장소에서 동시다발적으로, 병렬적으로 진화했다고 여겨지니, 이는 신기한 일입니다.

웹스터 영어사전을 찾아보면, 기본적인 색이름에는 다양한 정동적 의미가 있는데, 예를 들어 파란색은 두려움(fear), 불안(anxiety), 우울한(melancholy), 빨간색은 홍조를 띤 얼굴(flushed), 수치(얼굴이 빨개진 blushing), 분노(anger), 부끄러움(shame), 녹색은 창백(pale), 병적(sickly), 질투(jealous) 등, 여러 가지가 있습니다. 나라와 언어에 따라 물론 차이는 있겠지만 큰 줄기가 비슷한 이유는 무엇일까요.

신호등이나 만화, 광고의 캐릭터 등을 보아도, 특정한 색의 약속 같은 것이 있고 문화 사이에서 상당히 공통되기도 합니다. 그런데(시각 전문가로서의 나의 견해입니다만) 색 지각은 사실 거의 아무 도움도 되지 않습니다. 모양의 지각도, 깊이의 지각도, 운동의 지각도 모두 휘도 대비(흑백의 엣지, luminance contrast)에 의해 이루어집니다.

'아니다, 색깔 있는 공이 다른 색깔의 배경 앞을 움직이는 게 보이지 않나'라고 말할 수도 있겠지요. 그러나 그것은 색깔이 있기 때문에 보이는 것이 아니고, 휘도 대비, 즉 밝기의 차이가 있기 때문에 움직임이 보이는 것입니다. 그 증거로 빨간 공과 녹색 배경을 등휘도(等輝度)로 해보면, 공은 거의 움직이지 않는 듯이 보입니다. 스피드가 떨어져서 몇 분의 일의 빠르기(느림)로 지각됩니다. 그러므로 색깔은 무엇을 위해 존재하는지, 참 신기한 일입니다.

실은 딱 두 가지, 색깔이 적극적으로 도움이 된다고 생각되는 기능이 있습니다. 그 하나는 정동표현입니다. 앞서 나온 사전에 실린 색이름의 정동적 의미는, 말할 것도 없이 이에 기초하고 있는 것이겠지요. 그리고 다른 하나는 눈에 잘 띄게 하기 위함입니다. 신호등의 세 가지 색깔을 떠올려 보면 좋을 듯합니다.

앞서 내력을 설명하면서 색 잔상의 예를 들었으니, 데모를 덧붙이겠습니다(지면에서는 실현할 수 없지만, 컴퓨터로 그림 그리기 프로그램을 사용할 수 있거나 색종이라도 있으면, 비교적 간단하게 누구나 시험해 볼 수 있습니다). 시선을 고정시켜 두고, 색깔이 있는 도형(예: 녹색 사각형)을 점멸시킵니다(중심이든 주변이든 상관없습니다). 색깔이 있는 도형이 배경색(예: 회색 또는 검은색)과 바뀔 것입니다. 1초에 1번 정도의 속도가 좋습니다(색종이와 흰색이나 검은색의 종이를 늘어놓고, 시선을 오가게만 해도 됩니다. 색종이는 작은 편이 좋습니다). 계속 관찰을 하면, 재미있는 것을 알아챌 것입니다. 배경의 대응하는(사각형의) 부분이 반대색으로(이 예에서는 붉게) 물들어 보이기 시작할 것입니다. 이 관찰에서 재미있는 점은 점멸의 첫 번째부터 색깔이 점점 변해 간다는 사실입니다. 두, 세 번째의 반복에서 이미 뚜렷한 색 잔상에 도달합니다. 이는 무엇을 의미할까요. 이는 즉 매우 빠른 스피드로, 인간의 색각계는 외계의 자극에 대해 캘리브레이션(자기조절, calibration)하고 있다는 뜻입니다. 이는 바로 초단기 내력의 한 예가 됩니다.

물론 이 관찰이 성립하기 위해서는, 말할 것도 없이 삼색형(三色型)의 색각계를 갖추고 있는, 이른바 색각 정상이어야 합니다. 삼원색에 대응하는 원뿔세포가 망막 위에 있습니다. 이 삼색의 조합만으로 사람의 색각을 모두 설명할 수 있다는 것이 헬름홀츠(Hermann von Helmholtz)의 '삼원색설(三原色說)'입니다. 이에 대해 헤링(Ewald Hering)의 '반대색설(反對色說)'이라는 설이 있고, 각각 부분적으로 옳다는 증거가 있습니다. 반대색설은 초록↔빨강의 반대색 축1과 노랑(=초록+빨강)↔파랑의 반대색 축2가 직교하고 있고, 지각되는 색깔은 모두 그 조합으로 표현할 수 있다는 생각입니다.

실제 색 잔상은 언제나 순응한 색깔의 반대색이 색 잔상으로서 지각되므로, 반대색설의 유력한 근거로 여겨졌습니다. 그렇다면 생리학적으로는 어떻게 되어 있는가 하면, 빛을 감수하는 최초의 층에서는 앞서 말한 삼원색에 대응하는 세 종류의 시감(원뿔)세포가 존재합니다. 즉, 헬름홀츠가 맞습니다. 그러나 다음의 층에서는 실제 초록+빨강으로 노란색을 만들고, 그것을 파랑과 대립시키는(서로 억제하는) 사색(四色)의 반대색 메커니즘이 존재한다는 사실이 밝혀졌습니다. 즉, 이 레벨이 되면 헤링의 반대색설 쪽이 맞다고 볼 수도 있습니다.

이야기가 전문적인 내용으로 흘렀습니다만, 여기서 말하고 싶은 점은 그러한 복잡한 신경생리 메커니즘이 있기 때문에 색 잔상의 경험에서 내력이 중요하다는 이야기입니다. 다시 말해 색 잔상이라고 하면 직전 수십 초의 내력 이야기라고 생각했는데, 사람이라는 종의 유전적인 문제로까지 더 깊이 들어간다는 것입니다.

본래 사람형의 삼색 색각계는 다른 동물 종에서는 의외로 적습니다. 원래 삼색 색각계를 가진 동물은 적습니다. 단색이나 이색만 가지고 있는 동물이 많고, 사람형이 아닌 삼색형이라면 있지만, 사람형 삼색은 매우 드뭅니다. 고릴라, 오랑우탄 같은 사람에 가까운 영장류에 국한됩니다.

다시 말해 사람형의 삼색 색각계에서는 초록·빨강이 가장 기본적인 식별의 축이고, 노랑·파랑이 그다음의 축인데, 어째서 그와 같이 진화했는가, 그렇게 된 이유에는 무언가 진화적으로 메리트가 있었던 것이 아닌가, 하는 점을 '내력'의 한 측면으로서 묻고 싶습니다.

과거에는 '단풍·숙성 가설'이 유력하였습니다. 즉, '사람의 조상은 식물의 잎과 과일을 먹었을 것이다. 잎과 과일이 초록색이면 베어 먹기에도 딱딱하고, 노란색이 되면 조금 익었고, 주황색에서 빨간색이 되면 충분히 익어서 먹을 수 있다. 그것을 식별하는 기능을 진화시킨 것으로, 초록·빨강이 주축이 되었다.' 잘 만든 설이지만, 이 설의 취약한 부분은 인간 이외에도 나뭇잎이나 과일을 먹는 종은 많이 있다는 점입니다. 포유류에도, 조류에도, 곤충에도 많습니다. 하지만 그 대부분의 종에서는 사람형의 삼색 색각계는 진화하지 않았습니다. 그러므로 이 설은 사람형 삼색 색각계의 진화에 필요조건은 부여하고 있을지 모르지만, 충분조건은 되지 않는다는 말입니다.

그래서 박사후 연구원 시절에 챈기지(Mark Changizi)라는 허풍이 아주 심한 이론생물학자가 있었는데, 그와 함께 생각해낸 것이 '정동·피부 가설'입니다. 사람형의 삼색 색각계는 타인의 얼굴색을 살피기 위해 진화한 것이 아닌가 하는 생각입니다.

여기에 예로 든 이 사진에서는(원래는 몇 년 전에 찍은 나와 아들의 컬러 사진입니다만) 무슨 색과 무슨 색이 상상되나요?(그림 1) 대개 대답은 정해져 있습니다. 가장 눈에 띄는 색은 파랑이나 빨강 같은 색으로, 바로 답이 나옵니다. 다음은 노란색, 여기에도 파랑이 있고, 그리고 검은색, 갈

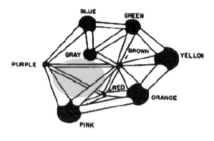

그림 1 살색의 '지명하기 어려움'
이 사진(원래는 컬러)에 어떤 색과 어떤 색이 있는지, 상상해 보았으면 한다. '살색'이라는 말을 사용하지 않고 '살의 색깔'을 지명하는 일이 곤란하다는 것을 알게 될 것이다.

그림 2 색이름의 심리공간
색이름 간의 거리가 유의도를 반영하듯이(가까울수록 비슷하다) 2차원 공간에 배치하였다. '살의 색깔'에 해당하는 부분에 넓고 큰 무명의 영역이 퍼져 있음을 알 수 있다.

색, 흰색이라든지, 회색도 나오고, 잠시 시간이 흐릅니다. 그러고 나서 여러분은 대부분 살색이라고 말할 것입니다. 일반적인 대답이지만 어떤 의미로는 곤란한 상황입니다. 살색은 색깔의 이름이 아닌, 살의 색깔이라고 말하는 것뿐이기 때문입니다. 병 색깔이든지 벽 색깔이라고 말하는 것과 같습니다. 그것을 억지로 바꾸어 말하라고 하면, "그게, 노란색하고, 빨간색하고, 흰색하고, 회색하고, 갈색이 여러 가지 미묘하게 섞여 있어서…" 하고 여러 색이름들을 혼합하여 표현하려고 합니다.

어째서 살색에는 색이름이 적용되지 않을까요. 나카자와 신이치 선생의 이야기에서 하이에크의『감각적 질서』가 나왔습니다만, 관련되는 사실로서 이야기하면, 감각은 카테고리화 하면 미세한 식별이 불가능해집니다. 지각발달 분야에 이에 대한 명백한 증거가 있습니다. 나카자와 선생의 이야기에도 나왔듯이, 카테고리를 만듦으로써 카테고리 안에서는 차이를 무시하는 것이겠지요. 그러나 그렇게 하면, 반대로 미묘하고 이름을 지명하기 어려운, 말로 표현하기 힘든 얼굴빛의 식별을 하기 어렵게 됩니다.

여기에 나타낸 것은 색이름의 심리공간입니다(그림 2). 거리가 색깔들 사이의 차이(유의도의 역수)가 되도록 이차원에 배치한 그림입니다. 보라색, 분홍색, 오렌지색, 빨간색, 갈색, 회색 등이 있는 가운데, 여기에 비교적 넓은 '무명의 황야'가 있습니다(타원 부분). 이 부분이 '살색'입니다. 갈색, 빨간색, 회색, 보라색, 분홍색의 사이에 있지요, 확실히. 하지만 이름이 없습니다. 그 이유는 식별력을 유지하기 위해서라고 생각할 수 있습니다.

우리는 다양한 논문에서 데이터를 모아, 사람의 피부색 변화와 사람의 색 지각의 관계를 분석하여 다음과 같은 사실을 발견하였습니다(이하는 조금 전문적인 내용이므로, 어렵다고 생각되면 넘어가 주십시오).

(1) 피부 밑 혈류 중의 헤모글로빈 산화의 정도가 초록~빨강의 축에 거의 대응하고, 한편 노랑~파랑의 축은 단순히 혈류량(또는 헤모글로빈 농도)에 대응한다(그림 3).

(2) 위의 시감세포의 분광 감도 곡선(의 피크)이 이 식별을 최적화하는 수치에 매우 가깝다.

(3) (영장류, 유인원의) 얼굴의 탈모 정도(즉, 디스플레이로서의 알아보기 쉬움)와 색각계의 진화 단계(단색→이색→비정형[사람형이 아닌] 삼색→사람형 삼색)가 잘 대응하고 있고, 공진화(共進化)했다고 생각된다.

(4) 세계의 자연 언어는 동시다발적·병행적으로 발생했다고 여겨짐에도 불구하고, 색이름의 정동적 의미에 높은 공통성이 보인다, 등.

이들은 종합적으로 '정동·피부가설'을 뒷받침합니다.

다시 한 번 정리하면, 피부 속을 흐르고 있는 혈액의 미묘한 색깔 차이, 그것은 곧 정동 디스플레이를 뜻하지만, 그 정동 변화의 미묘한 식별

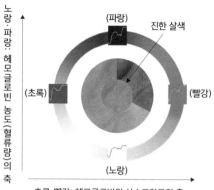

그림 3 정동·피부가설
가로축은 헤모글로빈의 산소포화도, 세로축은 헤모글로빈의 농도(혈액량)를 나타낸다. 각각 초록·빨강과 노랑·파랑의 색각 축에 대응하고 있음을 알 수 있다. 도넛 모양은 심리 색공간을 나타내고, 파랑, 빨강, 노랑, 초록의 정사각형 안에는 피부(또는 그 아래의 혈류)가 각각의 색깔에 치우쳤을 때의 분광 특성을 표시했다(가로축은 파장, 세로축은 반사에너지). 중앙에는 대응하는 실제의 피부색을 대략적으로 나타냈다. 종합적으로 사람형 삼색 색각계가 피부의 정동에 따른 색 변화에 대해, 민감한 검출기로서 작용하고 있다는 것을 알 수 있다. (Changizi et al., *Biology Letters*, 2006에서 일부 수정)

을 위해 사람의 삼색 색각계는 진화에 의해 최적화된 듯하다는 것입니다.

위의 (3)(얼굴의 탈모 정도와 색각계의 진화 단계가 공진화한 듯하다는 것)에 대해서만 보충 설명을 하겠습니다. (이 내용은 야마기와 선생이 전문입니다만) 예를 들어, 침팬지 암컷의 엉덩이는 정동 디스플레이, 더 정확하게는 번식을 위한 디스플레이로 역시 혈류에 의한 디스플레이입니다. 즉, 붉은색이 발정의 사인(sign)이 되어 수컷을 끌어당기는 역할을 합니다. 그러므로 엉덩이에만 털이 없는 이유는 아마도 잘 보이도록 그렇게 되었다고 생각할 수 있습니다.

이와 같은 일이 아득한 조상으로부터 현대인에 이르는 다양한 사람의 얼굴에서도 일어난 것은 아닐까요. 그렇지 않다면 앞에서 한 이야기가 말이 되지 않습니다. 왜냐하면 얼굴이 체모로 가려져 있으면 정동 디스플레이로서 도움이 되지 않기 때문입니다. 그래서 색각계의 진화 단계를 가로축으로 하여 신세계원숭이—구세계원숭이—유인원—사람의 순으로 늘어놓고, 얼굴의 얼마만큼이 털이 빠져서 노출되어 있는가 하는 것을 세로축에 두고 그래프로 그려보니, 뚜렷한 경향이 보입니다. 단색에서 이색, 비정형 삼색(사람형이 아닌 삼색), 사람형 삼색과 같은 식으로, 단계를 거치면서 얼굴이 탈모해 갑니다. 즉, 얼굴의 탈모와 사람의 삼색형 색각이 상호작용하는 형태로 공진화했다는 시나리오를 그린 것입니다.

그러면 여기에서 다시 여러분에게 묻고 싶습니다만, 어째서 교통신호는 빨강·파랑(초록)·노랑의 삼색일까요? 뿐만 아니라 빨강은 stop이고 녹색은 go이지요. 어째서 반대이면 안 되는 것일까요. "그건 다 같이 여러 가지로 논의하고 약속을 해서 정했으니까"라는 말은 답변이 되지 않습니다. 약속이라면 반대로 약속해도 좋았겠지요.

이 점에서는 만국에 예외가 없다고 말했더니, 어떤 사람이 "초기의 공산화된 중국에서는 빨간색이 go 신호였다. 그러나 곧 혼란이 일어나 바꾸었다."고 가르쳐 주었습니다(웃음). 이 이야기의 진위는 확인하지 못했지만 그야 어찌 됐든, 왜 'stop'이 빨강인가 하는 것과 함께, 교통신호를 보고 빨강이라고 지각할 때는 사회성과 아무 관계도 없는 색각이라고 생각하겠지만, 나는 지금 말씀드린 진화론적인 이유에서 그렇게 생각하지 않습니다. 즉, 어떤 경우이든 사회적·정동적 배경이 있기 때문에 빨강을 'stop'이라고 인지한다는 말입니다. 왜냐하면 그러한 진화의 길에서 그러한 감각적인 도구(삼색 색각계)를 가지고 태어났기 때문에 그런 것입니다.

인간의 M-cone과 L-cone, 즉 중파장과 장파장을 식별하는 시각세포는 어떤 시기에 진화적으로 갈라졌다고 알려져 있습니다. 그 시기는 로빈 던바(Robin Dunbar)가 말하는 소셜 브레인(사회뇌)이 진화한 시기와 대략 겹칠 가능성이 있습니다. 이 소셜 브레인 가설은(야마기와 선생의 이야기에도 당연히 나오리라 생각합니다만) 사회집단의 크기가 커져서, 단체의 식별 및 사회적·정동적 식별이 필요해지고 언어의 커뮤니케이션이 필요해지자, 인간 뇌의 신피질이 단숨에 폭발적으로 크게 진화했다는 생각입니다.

그 가설에 의하면, 인간 뇌의 크기, 신피질의 크기는 대략 150명 정도의 사회집단에 대응할 정도로 진화했다는 내용입니다만, 그 시기에 정말로 진화했다고 하면 정동·피부가설과도 앞뒤가 맞습니다. 지금 보고 있는 자극이 사회적인 자극이 아니어도, 특히 사회적인 문맥이 아니어도 그 자극을 보려고 하는 감각장치 자체가 사회적이라고 말할 수 있습니다. 그와 동시에 각각의 색깔이 잠재적으로 사회적·정동적 반응을 환기시키는 것이기 때문에, 빨강은 경고 신호로 쓸 수밖에 없는 것입니다.

색 지각의 진화에 대해 너무 깊이 들어갔는지도 모르겠습니다. 정리하면, 순간의 색 지각은 내력을 반영하고 있지만, 그때 내력이라는 것은 직전의 색 순응, 선글라스를 끼고 있었다는 것뿐만 아니라, 사람이라는 종의 내력, 개체의 내력 등 여러 가지가 있습니다. 게다가 개체의 내력에는 장기와 단기가 있는데, 그 전부가 서로 겹쳐져서 '현재'가 지탱되는 것입니다. 여기가 포인트입니다.

4 _____ 유전인가, 환경인가 (Nature vs. Nurture)

유전인가 환경인가 하는 문제를 생각할 때에도 이 내력이라는 개념이 큰 힘을 발휘합니다. 본래 나의 발상으로, 도무지 심리학은 유전인가 환경인가 하는 이율배반적인 논쟁에 손과 발이 묶여, 이러지도 저러지도 못하겠다고 생각하던 차에 내력이라는 개념이 나온 것입니다.

그럼 아주 특수한 예로 여러분을 깜짝 놀라게 하면서 들어가 보지요. 악어의 성별은 어떻게 정해진 것일까요? 많은 종류의 악어가 알이 품어질 때의 온도에 따라, 암컷인지 수컷인지가 갈린다고 합니다. 어떤 종의 악어는 30~31도일 때에만 수컷이 된다고 합니다. 말도 안 되는 소리라고 생각하는 사람은 나뿐만이 아닐 것입니다. 이래서는 거의 90% 이상이 암컷이 될지도 모릅니다. 일반적으로 생각하면 말입니다. 그러나 아마 그렇게 되지는 않을 것입니다. 왜냐하면 난자 쪽이 정자보다 생물학적 코스트가 훨씬 높기 때문입니다. 그러므로 수컷을 많이 만들고 암컷은 조금 만들어서, 알은 아주 조금만 생산하고, 수컷의 대부분은 헛되이 죽고 맙니다. 그러한 생물종은 많습니다. 하지만 그 반대는 거의 없습니다. 따라서 악어에서만 그 관계가 역전되는 일은 없을 듯합니다. 오히려 어떤 정교한 조절 메커니즘이 작용하여, 암컷이 산란기가 되면 환경 온도에 매우 민감해진다든지, 굳이 애써서 특정의 온도 범위가 된 순간을 고른다든지, 뭔가 그런 종류라고 상상됩니다.

무엇을 말하고 싶은가 하면, 이 악어의 성별 결정은, 보통 '전적으로 유전적'이라고 생각하는 성별 결정이, 의외로 환경에 의존하고 있다는 예로서 재미있는 것입니다. 다만 여기서 다시 한 번 뒤집어서, 역시 암컷 쪽의 유전적인 장치라든가, 여러 유전적 '전제'가 물론 필요할 것이라고 말하고 싶습니다. 가령 암컷 쪽에 온도를 민감하게 감지하는 능력이 별로 없다면 이는 잘 되지 않을 것이니, 그 말은 유전적으로 갖추어져 있다는 의미일 것입니다. 참고로 다른 파충류에서도 이와 비슷한 성별 결정이 이루어지는 예가 있다고 합니다.

그러면 인간의 성별 결정은 어떨까요. 아마 누군가가 "그건 염색체로 정해져 있다, xx와 xy로 정해져 있다"고 말하겠지요. 그러나 그 직전, xx가 되는가 xy가 되는가 하는 순간의 이야기는, 사실은 아직 그다지 잘 알려져 있지 않지요. 그래서 민간신앙에서 무엇을 먹으면 남자아이라든지, 여자 몸속 산의 상태가 강하면 어떻다든지, 그러한 설에도 아직 일고의 여지가 있을 것입니다.

즉, 악어의 성별 결정의 예는 '유전요인과 환경요인을 반복해서 접어넣은 것이 내력이다'라는 논점의 훌륭한 예시입니다. 단순히 환경 때문이라고는 말할 수 없고, 또 유전 때문이라고도 말할 수 없다고 말입니다.

한 가지 더 들고 싶은 예로, 나의 전문 분야에 가까운 '줄무늬 사육 고양이' 실험이라는 것이 1970년대 무렵에 있었습니다. 영국에서 실시된 실험으로, 현재에는 동물 보호 차원에서 불가능한 실험이지만, 새끼 고양이를 세로 줄무늬만 있는 환경에서 키우는 것입니다. 말도 안 되는 실험이지만 결과가 어떻게 되는가 하면, 대뇌시각피질의 세포가 세로 방향의 엣지(흑백의 경계)에만 조율하여, 눈은 보이기는 하지만 외계가 세로 줄무늬일 때만 시각이 정상이고, 가로 줄무늬뿐인 외계로 들어가면 거의 눈이 먼 것과 다름없는 기묘한 고양이가 자랍니다(Blakemore & Cooer, 1970).

이 실험은 교과서적으로는 초기 경험의 중요성을 보여준다고 여겨지고 있습니다. 태어난 직후의 경험이 나중에, 해부학적인 발달도 포함하여 비가역적 효과를 가져 오는 일이 있고, 그러한 출생 직후의 시기를 임계기(臨界期)라고 부르는데, 그 중요성을 보이는 실험으로 보통 거론되고 있습니다. 그러나 그것뿐일까 하는 것이 내 생각입니다. 조금 깊이 들어가 보면, 일차 시각피질에 그러한 뉴런=방향검출기가 있어서 여러 방향으로 어느 정도 특화하고 있는, 적어도 '방향을 식별할 수 있다'고 하는 것이 없으면, 앞으로의 경험에 의한 가소성도 성립하지 않습니다. 실제로 출생 직후에도 어느 정도 방향성 뉴런이 있고, 단지 그 조율, 정밀도가 임계기의 경험으로 높아집니다. 이는 휴벨(D. Hubel)과 위젤(T. Wiesel)이라는 두 신경생리학자의, 노벨상을 받은 유명한 연구에서 증명되었습니다.

결국 여기에서도 유전적인 장치와 초기 경험이 반복 상호작용함으로써, 사람이나 동물의 시각 경험이 배양되어 간다는 것입니다.

여기에서 갑작스럽지만, 이 그림을 봐 주십시오(그림 4). '빵반죽 변환(baker's transformation)'이라는 이산역학계 수학모델을 설명한 그림입니다만, 유전요인과 환경요인의 상호작용을 표현하기에 아주 적절합니다.

유전과 환경이 처음에는 요인으로서 나뉘어 있지만, 진화와 발달의 각 단계에서 접어서 뭉그러뜨리고, 또 다시 접고 뭉그러뜨리기(늘리다)를 반복하면 어떻게 될까요. 결국 어느 쪽 요인이 얼마만큼 기여하고 있는지도 판별하기 어렵게 될 것입니다. 이 이산역학계의 모델에는 단순한 아날로지(유추) 이상의 함의가 있다고 생각합니다. 이것이 유전과 환경의 관계, 인간 뇌의 외계와의 관계, 그리고 발달의 본질이라고 주장하고 싶은 것입니다.

5 _____ IQ의 패러독스

지금 이야기한 '빵반죽 변환'에 입각하여, 내력이라는 개념의 위력을 보이기 위해 터부에 도전해 보겠습니다.

IQ라는 개념은 현재 심리학에서 어떻게 다루어지고 있을까요? IQ를

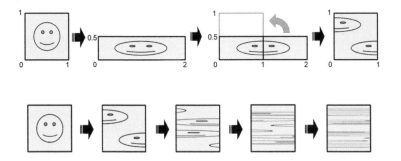

그림 4 빵반죽 변환

이산역학계에서 카오스를 만들어 내는 전형적인 구조를 그림으로 그린 것이다. 이 예에서 접기를 반복하면, 원래의 얼굴 그림이 원형을 남기지 않을 정도가 된다. 유전요인과 환경요인의 상호작용의 결과를 직감적으로 이해하는 데 도움이 되도록 표현하였다.

결정하는 것은 유전인가 환경인가. 이 질문을 둘러싸고는 심리학 역사상 여러 가지 스캔들이 있었습니다. 데이터의 날조라든지, 차별문제의 정치적 연관이라든지. 그중에서도 국제정책에까지 영향을 미친, 쌍둥이의 데이터 날조사건이 1950년대에 영국에서 일어나, 그 후 심리학자들 사이에서 IQ 이야기는 일종의 터부가 되었습니다.

본래 IQ라는 개념 자체가 학문적으로는 이미 절반은 죽은 것이나 다름없습니다. 다만 IQ는 환경요인과 유전요인을 판별하기에는 안성맞춤인 소재라고 여겨져서, 특히 일란성 쌍둥이의 연구, 이란성 쌍둥이의 연구, 혹은 유전적 관련은 없지만 같은 부모에게 양육된 형제자매의 연구 등이 왕성하게 이루어졌습니다.

원래 IQ라는 개념은 환경에 그다지 영향을 받지 않는 '생득적인 머리 좋음'을 나타내는 지표이기 때문에, 세대 간(예: 부모에서 자녀로)에 변화하지 않습니다. 또 한 사람의 일생 동안에 변화하지 않는다는 것이 대전제입니다. 반대로 가능한 한 그러한 영향이나 변화를 배제하도록, 철저히 정제된 지표였다고도 말할 수 있습니다. 그런데 난처하게도, 세대 간에서

IQ가 상승하는 현상이 자주 보입니다.

더욱 난처한 것이 실은 데이터상으로 여러 가지가 있는데, 이를테면 개인 안에서 보아도 유전요인의 효과가 연령과 함께 증가하는 것입니다. 이상한 일이지요. 점점 경험을 쌓으면, 환경요인의 효과가 커져도 좋을 텐데, 겉으로 보기에 정반대의 결과가 나와 버린 것입니다.

또 개인 안에서 유아기와 성장 후의 상관을 살펴보면, (유전요인이 크다고 여겨지고 있음에도) 상관이 낮습니다. 즉, 성장과 함께 IQ가 크게 변화해서 이것도 맞지가 않습니다.

그리고 미국에서는 소수자집단을 대상으로 발달 초기의 보상교육이 대규모로 이루어졌는데, 그 효과가 나타나는 것은 첫해뿐으로, 장기간에는 효과가 줄어듭니다. 또 양자의 IQ가 해가 가면 갈수록 생물학적 부모의 IQ에 가까워지고, 기른 부모의 IQ로부터는 멀어져 갑니다. 이것도 이상하지요, 오히려 그 반대여야 하니까요.

이와 같은 여러 가지 이상한 데이터가 나오자, 뭔가 해석 자체에 문제가 있는 것은 아닌가 하는 의문이 생겼습니다. 그러한 문제의식에서 출발하여 분석을 진행했던 연구자들이 있습니다(Dickens & Flynn, 2001). 본래 IQ 전체의 데이터가 고르지 않으므로, 그곳에서 유전요인으로만 설명할 수 있는 불규칙한 수치를 제합니다. 그리고 그 나머지만을 환경요인으로 설명해야 합니다. 식으로 쓰면 '$1-h^2$=환경성분'이 되는데, 이것이 IQ 통계학의 기본 사고방식이었습니다. 그러나 이 이론 자체에 이미 위험한 함정이 있다고 그들은 말합니다.

어디가 위험한가 하면, 이 그림(그림 5)은 유전요인(G)과 환경요인(E)이 모두 IQ에 인과적으로 기여하고 있다는 단순한 모델입니다. 이때 G와 E가 독립적이라면 앞의 사고방식에 어떠한 문제도 생기지 않습니다. 그러

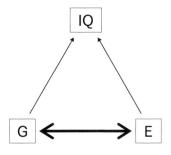

그림 5 IQ를 결정하는 데 유전요인(G)과 환경요인(E)이 함께 인과적으로 공헌하고 있음을 나타내는 간단한 모델
다만 여기서 G와 E의 관계가 문제가 된다. 이 둘이 독립해 있다면 아무 문제도 생기지 않지만, 현재에는 이 둘에 상
관관계가 있기 때문에 'IQ의 불규칙성 가운데에서, 유전요인으로 설명할 수 있는 것을 뺀 나머지가 환경요인의 기여
부분'이라는 논리로 진행하면, 유전요인이 과대평가되고 만다.

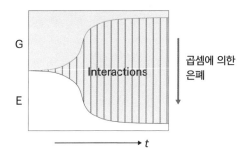

그림 6 곱셈에 의한 은폐
유전요인(G)과 환경요인(E) 사이에 상관관계가 있을 때, '유전요인으로 설명할 수 있는 것을 뺀 나머지가 환경요인의
기여 부분'이라는 논리로 계산을 하면, '곱셈에 의한 은폐'가 생겨(그림의 세로 줄무늬 부분), 유전요인의 과대평가=
환경요인의 과소평가가 인공적으로 일어나고 만다. 가로축은 시간을 나타낸다(개인의 성장 시간, 혹은 세대 간의 교
대 등).

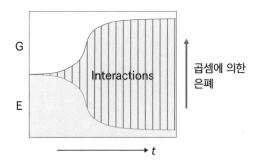

그림 7 곱셈에 의한 은폐: 반대의 예
그러나 같은 논리를 뒤집어서 '환경요인으로 설명할 수 있는 것을 뺀 나머지가 유전요인의 기여 부분'이라는 논리로
진행하면, 마찬가지로 '곱셈에 의한 은폐'가 반대 방향으로 일어나(세로 줄무늬 부분), 이번에는 환경요인의 과대평
가=유전요인의 과소평가가 일어난다.

나 실제로는 (정[正]의) 상관관계가 있습니다(그림의 굵은 화살표). 여기에 수학적인 함정이 있어서, G와 E 사이에 상관관계가 있으면, 초기의 유전요인의 영향이 곱셈을 반복하는 것으로(앞서 나온 '빵반죽 변환'을 반복하는 것으로) 과대평가되고, 환경요인의 영향을 가리게 됩니다. 그림 6에 세로 줄무늬로 나타낸 부분이 이 아티팩트(artifact, 겉보기의 과대시[過大視])입니다('곱셈에 의한 은폐'라고 그들은 부릅니다).

또한 재미있는 것은, 만약 누군가가 환경요인에 주목하여 환경요인을 시작으로 데이터를 해석하면 어떻게 되는가 하면, 반대의 일이 일어납니다(그림 7). 즉, '곱셈에 의한 은폐'가 역방향으로 일어나고, 이번에는 환경요인의 영향이 과대평가됩니다. 이 한 가지를 보아도 처음의 유전요인 평가가 아티팩트였음을 알 수 있습니다.

철학적·사상적 입장에서 이를 지지하는 논의도 있습니다. 그리피스(Griffiths)라는 사람에 의하면, '유전자=청사진'이라는 생각을 메이너드 스미스(John Maynard Smith) 같은 거물 생물학자가 상당히 최근까지도 주장했기 때문이기도 하지만, 이러한 종류의 '유전자 정보' 이야기가 생각 차이를 일으키는 원인이라고 말합니다. '청사진'이라는 아날로지와 '정보'라는 알 듯 모를 듯한 말이 문제를 일으키는 것입니다. 아날로지와 '정보'를 직관에 의지하지 않고 명확히 정의하려고 하면, 비유전요인에 해당하는 것도 나오게 된다고 그리피스는 말합니다.

또한 스티븐 쿼츠(Steven Quartz)라는, 나의 캘리포니아 공과대학 시절의 동료이기도 하고, 신경학자·철학자라는 양립하기 힘든 두 가지를 겸하고 있는 사람이 있습니다만, 그는 신경망(neural network) 이론을 구사하여 신경계의 발달, 특히 초기 경험의 효과에 따른 시각신경계의 '배선 교체' 등을 이해하기 위해 연구하고 있습니다. 신경망 이론은 본래 무엇이든 경험에 의한 학습으로 설명하려는 접근법이지만, 그의 말에 따르면 그 이론조차도 지나치게 생득주의적(生得主義的)이라고 합니다. 경험으로 네트워크의 구조 자체가 변화하는 식의 좀 더 다이내믹한 모델을 만들면, 지금까지 알던 유전결정론과는 전혀 다른 결론이 나온다고 말합니다.

정리하면, 유전자와 환경의 역동적 상호작용으로(그야말로 빵반죽 변환의 이미지로) 내력을 이해함으로써, 지금까지 앞을 가로막고 있던 벽이 얼음 녹듯 무너지고, 수수께끼가 풀리기 시작할 것입니다. 여러분의 사회상식으로서도 '유전' 대 '환경'이라는 도식에서 벗어나 상당히 다른 이미지가 만들어지게 될 것입니다.

6 ____ 자폐증의 원인은 어째서 해명되지 않는가

지금 이야기한 내용의 직접적인 응용문제로서, 자폐증 스펙트럼 (ASD)에 대해 이야기하고자 합니다. 우리도 자폐증의 사회성 지각을 연구하고 있습니다만, 자폐증이 다른 질병과 유독 다른 점은 원인에 대한 설이 많다는 것으로, 내가 읽은 것만 해도 10종 가까이 됩니다. 여기서는 중심이 되는 설만 간추려서 다섯 가지 정도 예를 들면 ① 사회환경설(교육, 모자관계에 기인한다는 설), ② 초기 뇌손상설, ③ 소뇌기능 이상설, ④ 유전설(염색체이상[NLGN3, 4, Neurexin1 등]에 기인한다는 설), ⑤ 감각이상설(청각 과민, 감각통합의 이상을 원인으로 하는 설)이 있고, 이 밖에도 여러 가지가 있습니다.

처음에는 사회환경설이 유력하여, 모자 관계가 이상했던 것은 아닌가, 생후 가족환경에 문제가 있었던 것은 아닌가, 감각환경이 빈약하고 자극이 풍부하지 않았던 것은 아닌가 등등, 다양하게 추측되었습니다.

그다음에는 태어났을 때 뇌손상이 있었던 것은 아닌가 하는 것이었습니다. 구체적으로는 소뇌에 이상이 있는 것은 아닌가 하는 초기 뇌손상설도 유력했습니다. 최근 대두된 것이 유전설로, 염색체에 이상이 있다는 것입니다. 몇 가지 이름을 예로 들었습니다만, 단백질 효소를 만드는 유전자에 이상이 있다, 끊어져 있다든가 하는 여러 가지 원인이 제안되고 있습니다. 그러나 현 상태에서는 어떤 유전자설을 채택하더라도 자폐증 환자 전체의 극히 일부(고작 10~20% 정도)가 해당될 뿐입니다. 신경생물학이 발전하면 머지않아 자폐증도 모두 유전자의 문제로 귀착할 것이라고 생각하는 쪽도 많겠지만, 아마 그렇게는 되지 않을 것입니다.

그리고 한 가지 더, 감각이상설도 유력한데 청각 과민이나 감각통합의 이상이 자폐증의 일차적 원인은 아닌가 하는 설입니다.

그러면 어째서 결말이 나지 않는가. "(연구자는) 전부 뭐 하고 있는 거야"라는 말을 들을 수도 있을 것 같습니다. 문제는 이 가운데 어떤 설을 채택하더라도 몇 %, 잘해야 10~20% 정도의 환자밖에 해당되지 않는다는 사실입니다. 게다가 그 숫자가 앞으로 극적으로 증가해서, 어느 쪽이든 하나의 설로 자폐증 환자 대다수의 증상이 설명될 것이라는 전망은 거의 없습니다.

다시 말해, 십여 %의 환자에 대해서는 특정 염색체이상으로 설명할수 있습니다. 그렇지만 나머지 90% 가까운 환자들은 어떻게 할 것인가 하는 문제가 남습니다. 그런데 '사회성 장애'라는 증상은 아주 크게 보면 얼추 비슷합니다(라고는 해도 물론 개인차가 크고, 그렇기 때문에 '자폐증 스펙트럼[ASD]'이라는 이름을 붙여 알리는 것입니다만). 그 이유는 무엇일까 생각하는데, 그때 내 머릿속에 '내력'이라는 생각이 떠올랐습니다.

언뜻 보면 의외의 비유 같지만, 분지와 물의 흐름을 비유로 사용하고자 합니다. 나의 아버지는 나가노 현의 마쓰모토 출신인데, 그곳에 가면 그야말로 주위가 산으로 둘러싸인 쟁반 같은 풍경이 펼쳐져 있습니다. 그리고 마치 물이 분지의 낮은 곳으로 흘러내리듯, 발달은 일어납니다. 어떤 아이는 유전자의 이상을 가진 채 태어나기도 하고, 어떤 아이는 어쩌면 초기 뇌손상이 있었는지도 모르고, 어떤 아이는 다른 이상은 없지만 특이한 사회 환경의 영향이 있었는지도 모릅니다. 그것들이 전부, 물이 여러 흐름을 이리저리 흐르다 분수령에서 갈라져도 결국은 낮은 곳에 고여 호수를 만들 듯이, 비슷한 증후군에 이르는 것이 아닌가 싶습니다.

이 경우 주변의 지형이란 무엇을 나타내는가 하면, 문화적·사회적 환경이라고 볼 수 있습니다. 그러한 환경 속에서, 즉 신경전형인(neurotypicals; NTs)[3]들의 사회에서 키워지면, 흘러내리는 곳으로 떨어지게 됩니다.

DSM[4]이라는 미국 정신과의 진단기준에 따르면, 자폐증 스펙트럼에는 두세 가지(최신판에서는 두 가지)의 큰 특징이 있고, 그것은 사회성의 결여, 언어의 지체 등인데 그러한 대략 비슷한 증상을 보이고 안정됩니다.

이렇게 생각하면, 자폐증의 원인이 어째서 하나로 확정되지 않는가 하는 수수께끼에 대해서도 더 잘 이해되지 않을까 싶습니다. 그리고 실은 ASD는 앞에서도 말했듯이 '자폐증 스펙트럼(Autistic Spectrum Disorder)'이라는 것으로, 똑같은 자폐증으로 진단되었어도 그 증상이나 기능에는 개체차가 큽니다. 어떤 아이는 언어가 유창하기도 하고, 어떤 아이는 반대로 언어발달이 더디기도 하는 등, 개체차가 큽니다. 그것도 이해되리라

---

3 자폐증이 없는 비장애인
4 정신질환 진단 및 통계 편람

생각합니다.

다시 말해, 산의 분수령에서 내려오는 물의 흐름이지요. 이것이 전부 내력입니다. 앞에서 비유에 사용한 '빵반죽 변환'처럼 유전자와 환경 사이에서 캐치볼이 계속 일어나는데, 개인마다 각각 다른 캐치볼이 일어나는 것입니다. 그렇게 생각하면 어떨까요.

내력은 다르지만 비슷한 곳에 도달하는 일은 비슷한 사회 환경이라면 당연히 있을 것입니다. 이는 생물학에서는 표현형 혹은 '표현의 지형(Epigenetic landscape)'이라고 부릅니다. 유전자의 지노타입(배열, genotype)이 같아도 피노타입(phenotype), 즉 같은 유전자가 어떤 기능으로서 발현되는가는 환경이 말한다, 내력이 말한다는 이야기입니다.

자폐증 원인의 다양성을 생각하는 것에서 비선형 다이내믹스라는 사고방식으로도 이어집니다. 용어가 어려워서 죄송하지만, 복잡한 산등성이가 있고 그곳에 파칭코 구슬을 굴린다고 상상해 주십시오. 그러면 어떤 구슬은 이쪽으로 휙 굴러서 떨어지고, 조금 어긋나면 반대쪽으로 굴러서 떨어집니다. 어떤 구슬은 힘차게 곧장 위까지 올라갔다가 갑자기 왼쪽으로 떨어지지만, 이따금 바람이 불면 또 다른 결과가 나오기도 합니다. 그렇게 간단히 바뀌는 것이지요. 그와 같이 예측하기 어렵다는 점이 비선형 다이내믹스의 특징입니다.

거기에 덧붙여, 한번 자폐증 상태가 되고 나면 그 상태로 안정이 되어서, 쉽사리 이전으로 되돌아가지 않게 되는데(이를 '국소안정해[局所安定解]'라고 부르기도 합니다), 그것도 이해가 됩니다. 이는 어쩌면 자폐증만의 이야기가 아니고, 내가 내력이라 부르는 것의 일반적인 특징일지도 모릅니다.

자폐증 이야기는 그쯤 하고, 내력이라는 것을 생각할 때 물론 유전자도 중요하고 지각계도 중요하지만, 몸 역시 빼놓을 수 없다는 이야기를 이어서 하겠습니다.

7 _____ 신체화된 지성

프란시스코 바렐라(Francisco Varela)라는 사람은 신경과학자이자 오토포이에시스(autopoiesis)라는 개념을 내놓아 철학적으로도 큰 영향을 준 사람입니다만, '신체화된 지성'이라는 사고방식을 유행시킨 사람이기도 합니다.

'신체화된 지성'이란 무엇인가. 이는 막연하다고 할지, 나도 제대로 이해하고 있는지 잘 모르겠지만, 반대로 '신체화되지 않은' 지성 쪽이 설명하기 쉬울지도 모르겠습니다. 이를테면 수식을 보고 덧셈을 합니다. 그때 손가락도 소리도 사용하지 않고, 즉 몸을 쓰지 않고, 거기에다 가능하면 신체적인 이미지조차 떠올리지 않고 머릿속으로만 연산을 했다고 하면, 이는 곧 '신체화되지 않은' 지성입니다.

반대로 몸의 상태와 움직임에 의존하는 경우에는 '신체화된' 것입니다. 예를 들면, 나의 지인인 리드(C. Reed)라는 사람이 했던 실험에서, 피험자에게 손가락을 손가락질하는 모양으로 유지하도록 합니다. 그림이나 이미지가 아닌 피험자의 진짜 손가락을 사용한다는 점이 포인트입니다. 그리고 손끝이나 손목 같은 여러 곳에 LED를 점등하고, "빛을 검출했으면 바로 버튼을 누르시오"라고 지시합니다. 그 반응 시간은 예상할 수 있으리라 생각하지만, 손끝 쪽이(즉, 행위의 지향성이 향하는 쪽이) 손목 쪽보다도 빠릅니다. 또 손바닥 쪽이 손등 쪽보다도 빠릅니다. 그러한 결과가 나왔습니다.

생각해 보면 당연한 것이지요, 당연히 손이니까요. 이러한 식으로 앞쪽을 가리킬 때, 손목 쪽을 의도하는(지향하는) 사람은 아무도 없을 것입니다. 그러므로 당연한 결과입니다만, 본래의 정의와는 조금 다를지도 모르겠지만, 내 머릿속에서는 이것이 '신체화된 지성'의 이해하기 쉬운 하나의 예입니다.

그리고 나의 졸업논문연구에 있는 내용을 예로 들면, 이마에 글씨를 써달라고 하면 촉각에서는 좌우가 반전되어 지각된다는 사실을 아십니까? 실제로 해보면 좋습니다만, 누군가에게 부탁해서 소문자 'b'나 'd'를 써달라고 하면, 쓴 사람의 의도와는 반전하여 지각됩니다('p'와 'q'도 같음).

그러나 머리 뒷부분에 똑같은 시험을 해보면 반전되지 않습니다. 귀 언저리에 쓰면 반반입니다. 머리를 회전시키고 나서 쓰면, 몸의 앞부분만 반전됩니다. 꼭 한 번 시험해 보십시오(자신이 쓰는 것은 잘 되지 않습니다). 그 후속보고서를 전문지에도 공개적으로 게재했습니다만, 혀 위나 아래 등, 모든 신체 부위를 실험했습니다. 그 결과 여러 가지를 알게 되었습니다.

이 현상의 공동연구자였던 사사키 마사토(佐々木正人, 도쿄 대학 대학원 교육학연구과) 선생의 정리에 의하면, (앞을 향한 손바닥처럼) '향하는 동작'의 부위 또는 자세라면 반전이 일어납니다. 즉, 몸의 안쪽에서 내다보는 듯한 지각 방식이 됩니다. 다만 그렇지 않은 몸의 부분 또는 자세에서는 바깥에서의 시점이 되므로, 글씨를 쓴 사람과 같은 지각이 됩니다.

이해하기 쉽도록 그림 8과 같은 '지향성의 달걀' 비슷한 것을 생각해 주십시오. 그 안쪽에서는 지각은 반전하지 않고, 바깥쪽에서는 반전합니다. 그러면 누우면 어떻게 되는가 하면, 같은 그림의 아래와 같이 됩니다.

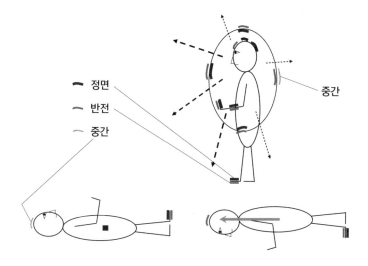

그림 8 지향성의 달걀

다양한 자세·신체 표면에서의 촉각 인지와 글씨의 거울반전 실험 결과를 정리한 것. 진한 부분=정면(반전 안 함), 중간 진하기=반전, 연한 부분=중간(반전하는 경우와 안 하는 경우가 혼합). 위 그림=선 자세, 아래 그림=누운 자세(왼쪽 아래=위를 향함, 오른쪽 아래=엎드림).

이는 실제로 데이터를 채집한 것인데, 엎드리게 되면 영아기의 기어 다닐 때의 반응이 매우 강하게 나오는지, 정수리에서 지각이 반전합니다. 그런데 같은 개채를 위를 보게 눕히면, 그 반전이 약해집니다. 발등과 발바닥의 관계를 보아도 전진하는 지향성은 약해지고, 자기중심적으로 내려다보는 관점이 강해집니다.

그러므로 어느 쪽을 향해서 갈 것인가 하는 지향성이 있고, 그 방향에 따라 지각의 방향이 변한다고 볼 수 있습니다. 이를 '신체화된 지성'이라고 말해도 좋을지 모르겠지만, 적어도 신체를 빼놓고는 생각할 수 없습니다.

이 거울반전현상에 대해 한마디만 더 하겠습니다. 사사키 마사토 선생, 나가타 요코(永田陽子) 선생과 함께 했던 일련의 연구에서, 유아나 선천성 맹인이라도 질적으로는 비슷한 반전현상이 일어난다는 사실을 알게 되었습니다.

그러므로 발달의 아주 초기 단계에서, 이동이 가능하게 된 시점에 이미 이러한 '지향성의 달걀(구조)' 혹은 어디로 향해 갈 것인가 하는 화살표 같은 것을 몸 안에 내장하고서, 우리는 걸어 다니고 있다 혹은 누워 있다는 것입니다.

다른 예로, 거꾸로 안경에의 순응을 들 수도 있습니다. 시야의 상하(혹은 좌우)를 역전시키는 거꾸로 안경은 1세기가 넘는 연구의 전통이 있고, 최근에는 가상현실을 이용하거나 fMRI(기능적 자기공명영상) 계측과 연결하는 형태로 다시금 유행하고 있습니다. 원숭이를 사용한 연구에서도(1개월 정도의 연속 착용으로) 시각피질의 놀라운 가소성을 보여주었습니다. 거꾸로 안경 연구의 핵심만 미리 말해 두면, '능동적으로 탐색, 활동하지 않으면 순응하지 않는다. 먼저 행동 레벨에서 적응이 일어난 다음, 지각의 방향성도 뒤늦게 변화한다(이를테면 거꾸로 서 있던 세계가 바로 보이게 된다)'는 것입니다.

침팬지에게 상하 거꾸로 안경을 씌워도 사람처럼은 순응하지 않습니다. 다만 오래전에 NHK의 교육방송에서 실험할 때 생긴 재미있는 일화가 있는데, 침팬지가 갑자기 물구나무를 서서 걸어갔다, 즉 그러한 적응 방법을 생각해 냈다는 이야기가 있습니다. 인간은 그러지 않지요(천재적인 체조선수라면 몰라도). 이것도 크게 보면 내력의 차이입니다. 사람과 침팬지, 원숭이 사이에는 감각-운동계의 내력이 근원 쪽에서부터 상당히 다르기 때문입니다.

'거꾸로 서 있던 세상이 똑바로 보이기 시작한다'고 말했습니다만, 이는 조금 부정확합니다. 자세히 말하면, 모순하는 복수의 계(系)의 (다른 시정수[時定數]=지연을 동반한) 변환입니다. 이대로라면 무슨 뜻인지 알 수 없으리라 생각합니다만, 내가 직접 좌우반전 안경을 8일 동안 연속 착용해서 경험한 것입니다. 이 기간 동안 맨눈으로 보지 않고, 일어나 있을 때는 계속 착용하고 있었습니다. 그러자 3, 4일 만에 좌우의 구별이 모호해져서, 처음에는 오른손을 내밀면 누구의 것인지 모를 손이 반대쪽에서 쑥 나오는 느낌이었지만, 점점 그것이 자신의 손으로 느껴지게 됩니다. 그러나 책장을 보면, 책 표지의 글씨는 여전히 좌우 반전되어 보입니다. 글씨가 정말로 평범하게(반전되지 않은 것처럼) 보이기까지는 1개월 정도 걸립니다.

그러므로 물리적으로는 좌우의 축은 하나밖에 없다고 생각하지만, 뇌와 신체 안에는 좌우의 축이 많이 있어서, 제각기 다른 교정 속도로 순응·적응하는 것입니다. 어떤 것은 매우 빨리 바뀌고, 어떤 것은 좀처럼 바뀌지 않는 일이 일어나는 것입니다.

한 가지 재미있었던 일을 이야기하면, 좌우반전된 거꾸로 안경을 쓰고 제일 처음 힘들었던 점은 시야가 굉장히 좁다는 것입니다(30도 이하). 프리즘을 사용하는 탓에 어쩔 수 없지만 말이지요. 내가 몇 년이나 사용하고 있는 사무실에 앉아 있어도, 뒤에 무엇이 있는지 전혀 알 수 없습니다. 왼쪽으로 머리를 돌리면, 그곳에 무엇이 보일지가 예측이 되지 않습니다. 그러므로 시야가 좁다고 말하지만, 그저 대나무 통 속으로 밖을 내다보는 불편함과는 다른 불편함이 있습니다.

즉, 시야의 표상이, 보이는 범위에 완전히 '축퇴(縮退)'되어 있습니다. 나의 주관적인 감상으로는 먼바다의 외딴섬에 살고 있는 느낌입니다. 보이는 곳만 섬이 되고, 그곳에 살고 있는 것입니다. 주변이 어떤지는 모릅니다. 그러나 신기하게도 일주일 동안 쓰고 있었더니, 뒤에 있는 커피 컵을 힘들이지 않고 휙 머리를 돌려 탁 잡을 수 있게 되었습니다. 어렵게 말하면, 감각–운동적인 예측 표상이 성립되었습니다.

그때 떠오른 사람이 모리스 메를로 퐁티(Maurice Merleau-Ponty)라는 현상학자로, 그의 저서 『행동의 구조』에 "인간의 시야는 360도이다"라고 쓰여 있습니다. 그 내용을 읽었을 때는 '이 무슨 비과학적인 이야기를, 이 사람은 인간의 해부학도 모르나' 하고 생각했었습니다.

실제로는 다이내믹하게 신체를 움직이는 동안에, 뒤를 돌아보면 그곳에 무엇이 보일지, 머리를 오른쪽(왼쪽)으로 이 정도 돌리면, 시야의 왼쪽(오른쪽) 끝에는 이렇게 새로운 사물이 들어오고, 반대로 오른쪽(왼쪽) 끝은 밖으로 나가겠지 하는 예상이 표상으로서(이미지로서) 학습되는 것입니다(좌우반전 안경을 착용한 상태이므로, 위의 좌우관계가 반전되어 있습니다). 그러한 자기중심적인 공간 표상의 모습을, 그는 현상학자로서 기술하여 360도라고 말한 것이지요. 일상생활에서 길러진 공간 표상을 한 번 잃고, 착용하고 얼마 지나면 다시 생기게 됩니다.

이러한 '시야 바깥쪽의 표상이 생긴다'는 측면은 일종의 '신체화된 지성'이라고 생각하고, 그때 거꾸로 안경으로 인해 일어나는 일 속에는 극히 장기의 것과 극히 단기의 학습·가소성이 접어 넣어져서 지금의 지각이 생겼다, 지금의 행동이 이루어졌다는 말입니다. 그 점에서도 앞의 색 잔상의 예와도, 빵반죽 변환의 비유와도 서로 잘 겹칩니다.

말이 나온 김에 하면, 인간은 전부 태어날 때부터 거꾸로 안경을 끼고 태어났습니다(실제로 안구의 렌즈는 상하좌우를 역전시켜서 망막에 상을 맺으므로). 그렇지만 태어난 직후의 기억을 떠올려서 '그러고 보니 세상이 거꾸로 보였었지' 하고 생각한 사람은 없을 것이라고 생각합니다. 그 말은 즉, 생후부터 천연의 거꾸로 안경에 재빠르게 순응했다는 이야기입니다. 거꾸로 안경 이야기를 하면 반드시 나오는 질문으로 "장기 순응 후에 안경을 벗으면 어떻게 되는가, 다시 시야가 역전하는가?" 하는 질문이 있습니다. 대답은 "시야가 다시 흔들리는 잔상은 일어나지만, 다시 역전되어 보이는 일은 없다", 즉 거꾸로 안경에의 장기 순응은 원래의 감각–운동 협응계(協應系)를 파괴하고 새롭게 다시 만드는 것이 아니고(예전에는 연구자도 그렇게 믿었습니다만), 오히려 원래의 협응계는 그대로 두고 새로운 협응계로 그것을 억제하는 듯합니다. 그 의미에서도 거꾸로 안경의 연구는 장기·단기의 요인이 접어 넣어져 서로 겹쳐진 내력의 이미지와 꼭 맞는다고 생각합니다.

> **첨언:** 시즈오카 시의 과학관 '루·쿠·루'에서는 내가 감독한 상하 거꾸로 방에서, 내방객이 거꾸로 안경을 쓰고 자유롭게 공간을 돌아다니며 체험할 수 있습니다. 세계의 사이언스 뮤지엄 중에서 처음일지도 모릅니다. 2016년 2월 현재 아직 공개 중이므로, 기회가 되면 꼭 가서 체험해 보기 바랍니다.

사사키 마사토 선생의 이름을 조금 전에도 꺼냈지만, 그는 신체와 관련해서 그 밖에도 재미있는 연구를 하고 있는데, 이런 실험도 있습니다. "마쿠마쿠마쿠…" 하고 계속 소리를 내서 말하면, 어딘가에서 '마쿠(巻く)'[말다]가 '쿠마(熊)'[곰]로 역전되어 버리지요. 이를 '의미의 포화' 현상이라 부르기도 합니다. 어느 정도의 빠르기(느리기)에서 '쿠마'가 되는지를 기준 조건으로서 측정해 두고, 이번에는 손으로 마는 동작을 하면서 "마쿠마쿠마쿠…" 하고 소리 내도록 합니다. 그러면 이번에는 좀처럼 '쿠마'로 변하지 않는다는 것입니다.

'신체화된 지성'이라는 생각은 모든 것을 뇌에, 특히 뇌 안의 '중추'로 귀착시키는 사고방식의 안티테제이기도 합니다. 주판 대신 손가락을 사용해서 연산을 아주 빨리 하는 사람이 있습니다. 10자리 이내의 곱셈은 순식간에 해버리기도 하지요('프랑스식 손가락 연산'이라고 부르는 듯합니다). 사에키 유타카(佐伯胖)라는 인지과학자가 있는데, 이 손가락 연산을 예로 들어 뇌 중추 설에 날카롭게 반론을 제기했던 일을 기억합니다. 뇌의 중추는 대체로 '그 부위를 절제하거나 파괴하면, 문제의 기능이 불완전해진다'는 것이 신경과학적인 정의입니다. 오른쪽 두정부의 어떤 곳이 망가지면 계산을 못하게 된다든가 하는 것입니다. 그러나 그와 마찬가지로, 이 손가락 연산의 달인이 손가락을 삐기라도 해서 손가락을 쓸 수 없게 되면, 당연히 계산은 못하게 됩니다. "그렇다고 해서 그 사람의 연산의 중추는 손가락이라고 말할 수 있는가" 하고 사에키 선생은 중추로의 환원론을 비판했던 것입니다. 신경학적 환원론의 문제점을 날카롭게 지적한다고 생각해서, 지금까지도 기억하고 있습니다.

그러나 조금 이야기를 뒤집는 것 같지만, 그 사람에게는 역시 손가락이 어떤 면에서 기능의 '중추'일 것입니다. 실제로 손가락을 다쳐 붕대를 감고 있으면, 갑자기 계산의 흐름이 나빠지니 말입니다. 이 이야기의 요점은 확실히 오른쪽 뇌 반구의 두정부 어떤 부위에 수의 조작과 표상에 관계하는 부분이 있는 것은 맞지만, 손가락은 그에 필적할 만큼 계산 기능에 있어서 필수불가결하다는 점입니다.

그래서 '신체화된 지성'의 예를 들자면 한이 없습니다. 단지 조금 마음에 걸리는 것은 '신체화된 지성'이라는 말은 embodied intelligence를 번역한 말로, 직역으로서는 물론 맞지만 위화감이 있습니다. 뭔가 신체보다 지성이 앞에 있는 느낌이 나지 않습니까? '신체화된 지성'이라고 말하면, 계산할 수 있는 지성이 앞에 있고 그것을 나중에 바꿔서 실체화했다는 느낌이 있습니다. 그러나 여기에서 말하는 것은 그 뜻이 아닙니다. 신체가 먼저라는 말입니다. 신체의 적응적 기능에서 상징화하고, 피아제의 말로 표현하면 조작적 지성에서 표상적 지성이 되고, 그래서 점차 손가락을 사용하지 않아도 연산이 가능하게 된다는 순서이기 때문입니다. '신체화된 지성'이라는 표현은 순서가 뒤바뀐 것이지요. 지성이 신체화하는 것이 아니고, 신체의 기능에서 지성이 싹튼다고 말하고 싶은 것입니다.

8 _____ 잠재뇌의 사회성

잠재과정은 신체적이라는 것을 '신체에서 지성이 싹튼다'는 이야기를 통해 강조하였습니다. 여기서 잠재뇌는 사회적이라는 사실을 거듭 강조하지 않으면, 내력에 대한 이야기를 완전히 이해할 수 없습니다. 거기에 유전과 환경의 상호작용이라는 초장기(超長期)의 이야기도 한 번 돌아보자는 것이, 오늘 강연의 남은 계획입니다.

"자각할 수 있는 마음은 빙산의 일각이다"라는 말을 자주 듣습니다. 실제 인간의 뇌에는 방대한 계산 능력이 있습니다. 인간 한 사람의 뇌에는 약 1,000억~2,000억 개의 뉴런이 있다고 합니다. 그리고 그 각각의 뉴런이 1,000~1만 개의 시냅스 결합을 갖습니다. 그것을 곱하면 100조~2,000조 개의 시냅스가 동시에 작용하여 마음의 상태를 결정한다는 말이 됩니다. 비트(bit) 수로 따지면 엄청난 양의 정보처리를 하는 셈이지만, 자각할 수 있는 마음의 움직임은 그 중의 극히 일부입니다. 마음의 무의식 과정을 생각할 때 중요한 것은 바로 이 점으로, 마음의 사회성이라고 해도 그 대부분이 무의식 레벨에서 이루어진다고 여겨집니다.

그러한 잠재성의 사회적인 한 측면으로서, 우리는 참가자 두 사람의 뇌에 EEG(뇌파) 계측 네트를 씌우고, 마주 본 상태에서 손가락으로 어떤 협조적인 작업을 시키기도 하고, 혹은 서로 상대방을 무시하게 한 다음, 두 사람의 신체 및 뇌파의 동기(同期)를 조사하였습니다. 그 발상의 발단은 '잠재적인 신체의 동기가 사회성의 생물학적 기반에 있다'는 가설이 있었던 것입니다.

사실은 인간도 친한 사람끼리 이야기하면서 걷는 경우, 다리 길이는 전혀 다르지만 걷는 리듬이 같아진다는 사실은 오래전부터 알려져 있습니다. 나와 함께하는 공동 연구자들(NTT 커뮤니케이션 과학기초연구소)도 그 내용을 보완하는 데이터를 최근에 내놓았습니다. 동기 현상이 사회적 교류의 '결과'가 아니고 '기원'인 것이 아닌가 생각합니다. 그것이 발상의 새로운 점입니다.

반딧불이의 점멸을 보고 있으면, 처음에는 제각각이던 불빛이 점점 맞아 들어갑니다. 한동안 완전히 동기되었구나 생각하고 보고 있으면, 다시 조금씩 달라집니다. 또다시 보고 있으면, 다시 주기적으로 맞아 들어갑니다.

카오스 이론에서 말하는 '이상한 끌개(strange attractor)'라고 할까요, 느린 리듬의 끌어당김이 생깁니다. 인간의 보행도 그렇지만 개구리나 새의 울음소리도 마찬가지여서, 시골에 가서 논에 있는 개구리의 울음소리를 잠시 듣고 있으면, 기본적으로 같은 일이 일어납니다.

그러한 신체운동의 의도하지 않은 동기가, 인간의 언어를 사용하는 사회적 커뮤니케이션의 밑바탕에도 있는 것은 아닐까요. 전문적인 내용은 생략합니다만, 어떤 협조적인 작업을 한 뒤에 뇌파를 계측하면, 뇌와 뇌 사이에 동기가 일어남을 나타낸 것이 이 그림의 선입니다(그림 9). 협조 훈련에 의해 손가락의 움직임뿐만 아니라 두 개의 뇌 사이의 뇌파도 잠재

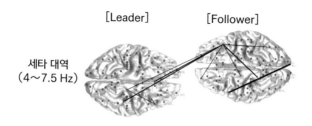

[Leader]　　　[Follower]

세타 대역
(4〜7.5 Hz)

그림 9 인터퍼스널 EEG(뇌파) 계측의 결과
왼쪽은 협조훈련시의 리더, 오른쪽은 추종자의 뇌, 그리고 선은 뇌 내 혹은 뇌 사이의 기능적 결합(동기)을 나타낸다(선의 굵기는 동기의 강도). 협조적인 손가락의 움직임을 훈련하기 전과 후에서는 신체의 무자각적인(의도에 반하는) 동기가 높아질 뿐만 아니라, 특정 파장 대역의 뇌파로 뇌 사이의 동기도 높아진다(그림에서는 세타 대역[4〜7.5Hz]의 결과만 나타냈지만, 베타 대역[12〜30Hz]에서도 같은 결과를 얻었다). (Yun et al., *Sci. Reports*, 2012에서 일부 편집)

적으로 동기가 높아졌던 것입니다. 또한 상대방의 마음을 읽어 내거나 공감, 정동에 관여하는 뇌 부위가, 그러한 기능적 동기로 이어졌다는 사실도 알게 되었습니다.

'손가락을 서로 맞대고 있는 것이 사회성과 무슨 관계가 있나' 하는 비판도 있었습니다. 그러나 사회성 지표라고 말하는 것을 따로 측정해 보니, 그와의 상관도 나옵니다. 예컨대 사회성 불안의 지표와는 역의 상관관계를 나타내기도 합니다. 따라서 일반적으로 말하는 사회성과 관계가 있음은 확실합니다.

그러므로 현재(顯在)의식과 잠재의식이라는 것을 생각할 때에는 우선 잠재의식과 신체의 겹침을 살펴보지 않으면 안 됩니다. 그와 동시에, 상대가 있을 것이므로 다른 한 사람의 상대를 생각하면, 빙산을 두 개 생각하지 않으면 안 됩니다. 빙산의 일각끼리는 의식적인 마음과 의식적인 마음의 관계로, 언어를 통한 주고받음 이외에는 이어져 있지 않은 듯 보입니다. 그러나 해수면 아래에서 이렇게 이어져 있는 것입니다(그림 10). 가와이 선생이 말했던 '열린 시스템으로서의 마음'이라는 이야기와 연관

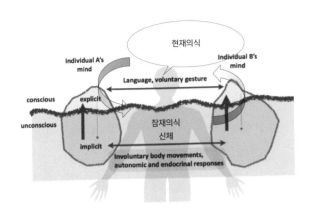

그림 10 개인의 마음의 현재과정과 잠재과정의 관계는 빙산에 비유할 수 있다(각각 해수면 위와 해수면 아래). 다만 잠재과정에는 신체성과 사회성이라는 두드러진 특징이 있기 때문에, 마치 연꽃의 땅 속 뿌리처럼 타자와 관계하며 '이어져 있다'. 그림 9에 나타낸 뇌 사이의 신경활동의 동기는 그 과학적인 증거라고 볼 수도 있다. (Kashino et al., *NTT Tech Rev.*, 2014에서 편집)

된다고 생각합니다. 내가 상상하는 이미지는 연못에 연꽃이 피어 있고, 하나하나 다른 꽃으로 보이지만 뿌리에서는 이어져 있는 모습입니다. 그와 비슷한 일이 두 사람의 인간이 걷고 있을 때에도 일어나고 있습니다. 즉, 뜻밖에도 우리는 서로 연결되어 있는 것은 아닌가 싶습니다.

　사회성 이야기에서 한 가지 더 요점만 말하겠습니다. '로봇은 의식을 가질 수 있을까'와 같은 가까운 미래와 관련된 화제에, 요즘은 흥미를 가지고 있습니다. 그중에서도 '로봇은 사람과 같은 내력을 가질 수 있을까?' 하는 물음이, 문제를 정리하고 방향을 찾는 데 큰 힘을 발휘할 것이라고 생각합니다

9 _____ 니치 구축과 진화

마지막으로 덧붙여 두고 싶은 것이 하나 있는데, 그것은 '니치 구축 (Niche Construction)[5]'이라는 개념과 내력의 관계에 대해서입니다. '물질'과 '마음'의 상호작용이라는, 나카자와 선생의 이야기와도 밀접하게 관련되고, 그 하나의 답이 될 수도 있으므로 언급하고자 합니다.

예를 들어 지렁이는 굴을 파면서 흙을 먹어서 생활을 하는데, 그 결과 토양의 구조를 변화시킵니다. 그러므로 농업에서는 지렁이에 의한 토양의 질적 변화가 상당히 큰 주제로, 농학과에 가면 지렁이 연구를 하는 선생이 한 사람쯤은 있습니다. 이 토양이라는 환경의 변화는 세대를 거치며 축적되지만, 여기서 중요한 점은 그 환경 변화가 다윈이 말하는 진화의 도태압(淘汰壓)[6]이 되어, 지렁이 자신의 이후 진화의 방향에 영향을 준다는 점입니다. 게다가 그것이 수만 년이라는 단위가 아니라, 지금까지 생각하던 것보다도 비교적 빨리(라고는 해도 200~300년 이내에) 일어날 수 있다는 사실을 알게 되었습니다.

지금까지는 생명체는 환경에 대해 수동적으로밖에 반응하지 않는다고 여겨져 왔지만, 동물은 사실 자신의 환경을 스스로 바꾸고 있습니다. 게다가 그 바꾼 환경이라는 것이(안정적인 구조라면) 다윈이 말하는 도태압으로서 작용하기 때문에, 그 환경에 유리한 개체가 자손을 늘린다는 것입니다.

혹시나 하고 복습합니다만, 다윈의 진화론에서 중요한 점은 유전자의 돌연변이 자체가 목적 없이, 방향성 없이 일어난다, 모든 방향으로 일

---

5 '틈새 환경 조성'이라는 개념으로 유기체가 자신이 거주하는 환경을 변형시킨다는 의미이다.
6 selection pressure. 바람직하지 못한 유전형이나 표현형을 제거하는 정도를 말한다.

어난다는 점입니다. 그 대부분은 생물에게 있어 유익하지 않은 변화이지만, 극히 일부 적응적이고 유리한 돌연변이가 있으면, 그 개체만이 생존이나 생식의 경쟁에 유리해져 자손을 많이 남깁니다. 세대교체를 반복하면서 점점 그 유전자를 가진 집단이 넓게 퍼집니다. 이것이 다윈 진화론의 기본원리입니다.

앞에 나온 지렁이의 토양 개량의 예도 그렇지만, 비버의 댐 만들기, 집 만들기도 마찬가지로, 자신이 만든 댐이나 집이 환경의 안정 구조가 되어 도태압으로서 작용합니다. 그리고 다음에는 비버의 머리의 구조라든지 손바닥의 구조가 자신들이 만든 환경에 맞추어 진화해 갑니다. 즉, 댐 만들기, 집 만들기에 유리한 몸을 가진 개체가 번식하여 번성하게 되었다고 생각할 수 있습니다.

인류에서도 이와 비슷한 예가 알려져 있습니다. 아프리카에서 밀림이 개척되고 농경(특히 얌[yam] 재배)이 시작되고 물웅덩이가 생기는 환경이 되자, 말라리아를 매개하는 모기도 대량 발생하게 되었습니다. 그래서 비로소 사람에게도 유전적인 말라리아 내성이 생기게 되었다고 추정할 수 있습니다. 이 경우 니치 구축에 의한 유전적인 변화는 의외로 빠르게, 길어야 수백 년, 기껏해야 십여 세대 정도 사이에 생긴 것으로 보입니다. 같은 일이 코카서스 지방 사람들의 유성분의 소화효소(를 지배하는 유전자)에 대해서도 말할 수 있을 듯합니다. 낙농이라는 문화적 행위의 부산물로서 유제품의 사용이라는 생태조건의 변경이 생기고, 이것이 도태압을 변화시켰다는 것입니다. 이 소화효소는 일본인 중에는 없는 사람도 많고, 우유를 마시고 설사하는 사람이 많은 것은 그 때문이라고 합니다.

니치 구축과 연관시켜 여기서 말하고 싶었던 것은, 생체와 환경 사이의 캐치볼이 다양한 시간 스케일로 일어나고 있다는 점입니다. 그것은 신체와 유전자를 사이에 두고 이루어지는 캐치볼입니다. 내력이 그 사람의 실재적인 '지금'을 바꾼다는 말은 지금까지 강조한 그대로입니다. 다만 그것은 환경은 불변이고 그 안에서 유전적인 변화나 학습만이 생기는 것이 아니라, 오히려 환경 자체와 유전자 혹은 뇌와의 쌍방향의 상호작용을 포함하는 것입니다.

조금 이야기가 건너뛰지만 '포스트딕션(postdiction, 사후 재구성)'이라는 사고방식이 최근의 인지신경과학에 있는데, 다양한 시간 스케일에서 지각이나 과거의 기억을 바꾸는 일이 인간의 뇌에서 일어나고 있습니다 (Shimojo, 2014).

지금 이야기한 '니치 구축'의 예와 같이, 인류가 가진 유전자와 환경을 변화시키는 상호작용이 수백 년이라는 엄청나게 큰 스케일에서도 일어나고 있을 테지만, 그와 함께 내력이 과거와 미래를 오가며 현재의 지각, 행동, 혹은 의사결정을 무의식중에 정하고 있습니다. 이것이 나의 결론입니다.

____ 정리

오늘 여러 가지 이야기를 하였습니다. 생체와 환경 사이의 캐치볼이라고 말할 때, 초단기의 예로 파란색 선글라스를 끼고 있다가 벗으면, 흰 눈이 주황색으로 물들어 보인다는 색 잔상이 있었습니다. 이는 초단기의 이야기이지요. 그렇지만 그곳에는 유전자의 문제도 들어 있습니다. 즉, 사람형 삼색 색각계의 진화를 빼놓을 수 없습니다.

단기의 이야기로는 학습에 의해 변화하는 뇌 이야기입니다. 뇌라는 것을 생각할 때 여러분이 가장 일반적으로 생각하는 부분이지요. "어린이는 공부해야 된다"고 말할 때는 모두 이 이야기를 하고 있는 것입니다.

그렇지만 그밖에도 훨씬 다양하게 있어서, 생후 임계기의 경험이 일생, 그 사람의 지각계든 언어든 사고력이든, 다양한 기능을 결정한다는 내용도 있었고, 개체를 넘어 초장기의 이야기로서(니치 구축과 연관시켜 이야기했던) 유전과 진화도 관계한다는 이야기를 했습니다. 내력이라는 것은 이러한 다양한 요소들의 중첩 속에서, 그 개체의 기능을 결정하고 있다는 것입니다.

'인지신경과학자'라는 사람이 이야기를 한다고 해서 들어봤더니, 무슨 뚱딴지같은 소리만 한다'고 생각하는 사람도 많겠지만, 나의 의도는 자신이나 타자의 내력을 꼼꼼히 돌아봄으로써, 지금을 산다는 의미를 새삼 실감할 수 있지 않을까 하는 생각이었습니다. 이를테면 선글라스를 벗고서 흰 눈을 보고 '어라' 하고 생각하는 것과 같은 일이 일상생활에 종종 있을 테지만, 그러한 실존적인 순간을 배후에서 떠받치고 있는 것들의 확장과 무게를 실감할 수 있을 것이라고 생각한 것입니다.

그와 동시에 연구자로서 말하자면, '내력'이라고 하는, 무책임하게 내던져 놓기만 했던 개념을 삼차원적이라기보다는 사차원적이지요, 시간 축을 넣어 사차원적으로, 다각적으로 보충함으로써 더욱 유용하고 실생활에 도움이 되는 한편, 인간의 본성에 다가가는 연구의 지침이 될지도 모른다고 생각하였습니다. 그러한 이야기를 하고자 했던 것입니다.

내 입장에서는 이인칭으로 이야기한 셈으로, 여러분 한 사람 한 사람에게 말을 건다는 생각이었습니다. 저마다의 '내력'에 질문을 하는 형태로 말입니다. 어디가 그러냐고 하면 할 말이 없습니다만(웃음).

마음의 기원

―공감에서 윤리로

야마기와 주이치

1 _____ 황금률과 다윈의 의문

인간의 유래를 알기 위해서, 우리는 고릴라를 연구해 왔습니다. 특히 화석 증거로는 남지 않는, 인간의 사회와 마음의 유래를 알고 싶기 때문입니다. 지금 인간이 가지고 있는 신체의 특징은 오늘날의 환경에 맞추어 만들어지고 진화해 온 것이 아닙니다. 문명의 역사는 생물학적 속성이 진화하기에는 너무 짧기 때문입니다. 피아노 건반이나 컴퓨터 자판을 두드리는 손가락, 공을 차는 다리, 야구방망이를 휘두르는 팔도 그러한 목적을 위해 만들어진 것은 아닙니다. 그렇다면 인간의 사회성이나 마음의 움직임, 즉 감정도 지금의 문명사회에 맞추어 만들어진 것이 아니겠지요. 그러면 도대체 어떤 세상에 적응하기 위해 진화했는가. 그리고 그것을 오늘날의 세상에 맞추어 사용하는 데 무리는 없는가, 지장은 생기지 않는가. 그러한 것들을 생각하는 일은 앞으로의 미래를 구상하는 데 있어 반드시 필요하다고 생각합니다. 오늘은 그러한 주제 가운데에서 인간 마음의 유래에 대해, 오랫동안 내가 연구해 온 일본원숭이, 고릴라, 침팬지를 바탕으로 생각해 보고자 합니다.

인간 사회에는 황금률이라는 것이 있습니다. '남이 해주기 바라는 행위를 하라'는 윤리로, 전 세계의 많은 지역, 민족, 종교에 공통하는 기본적인 도덕이라고 해도 좋을 것입니다. 그러나 이는 인간 이외의 동물에게서는 거의 찾아볼 수 없습니다. 동물에게는 동료의 기분이나 마음을 읽는 능력이 결여되었거나, 있더라도 타자와 자신을 상대화하여 자신의 행동을 조직하는 일을 하지 않기 때문입니다.

동물도 동료를 보살피는 행동을 하기도 합니다. 그러나 자신의 혈연개체, 특히 자신의 새끼로 대상이 제한됩니다. 이는 혈연 편중이라 하고, 자신의 유전자를 남기는 결과로 이어집니다. 그러므로 언뜻 보기에 자신에게 불리한 행동일지라도 자신과 같은 유전자를 가진 혈연개체의 생존을 도울 수 있다면, 진화의 과정에서 도태되지 않고 남는다고 생각하는 것입니다. 그러나 인간은 어떤 문화나 사회에서도 혈연 이외의 타자를 도우려 합니다. 그것이 황금률이라는 윤리가 된 것은 그러한 자기희생적인 관대한 행동에 사회가 합의하고 있기 때문입니다.

어째서 이러한 행동이 인간의 진화에서만 살아남았을까요? 실은 진화론을 주장한 다윈도, 이 인간의 도덕에 대해 의문을 가졌습니다. 목숨을 잃으면서까지 생면부지의 타인을 돕는다는 것은, 여기서 자신이 죽게되고 후손을 남기지 못한다는 말이지요. 즉, 진화론에서 보면 그러한 행동은 도태되고 마는 것입니다. 그렇지만 인간 사회에 이 같은 행동이 남아 있다는 것은 어떤 진화적인 의미가 있기 때문이라고 생각한 것입니다.

다윈은 도덕관념과 양심은 인간만이 가진 마음의 능력이라고 생각하였습니다. 그러나 진화라는 것은 동물과 인간이 조상을 공유하고 있고, 행동의 변화는 연속적으로 일어난다는 사고방식이었으므로, 인간에 특유한 행동일지라도 그 근원이 될 법한 행동이 동물에게서도 보일 것이 틀림없습니다. 다윈은 그것을 사회본능으로 간주하였습니다. 무리지어 생활하는 동물들에게는 무리에 공존하는 동료를 도우려 하는 마음의 작용이 선천적으로 갖추어져 있다고 합니다. 인간의 조상으로 분화한 후, 기억력이 좋아지고 언어를 말할 수 있게 된 덕분에, 타인의 행동이나 자신이 과거에 했던 행동을 자신과 비교하여, 그 시비를 판단하는 양심 및 도덕관념이 인간 사회에 싹트게 되었다고 생각한 것입니다.

다윈은 그 하나의 증거로 얼굴을 붉히는 행동을 꼽았습니다. 즉, 무엇인가 부끄러운 행동을 했을 때 '아차' 싶으면 얼굴이 붉어지겠지요. 이는 전 세계 사람들에게 공통적으로 보이는 현상이지만, 인간 이외의 동물에게서는 볼 수 없습니다. 계통적으로 인간에 가까운 침팬지에게서도 고릴라에게서도 보이지 않습니다.

한 가지 더, 인간에게는 무엇인가 좋은 일을 하는 사람을 모두가 칭찬하는 행동이 있습니다. 이것도 인간 이외의 동물에게서는 볼 수 없습니다. 칭찬받고 싶다, 모두에게 환영받고 싶다, 높이 평가받고 싶다는 마음이 인간에게 특유한 도덕과 양심을 만들어 낸 것이 아닌가 하고 생각한 것입니다.

거꾸로 말하면, 모두에게 기대도 칭찬도 못 받고, 아쉽다고 생각될 만한 행동을 하면, 실패했다는 느낌을 받을 것입니다. 그것을 타자나 자신의 과거 행동과 비교하여 '나는 이런 바보 같은 짓을 해버렸어' 하는 반성의 마음에 사로잡혀 얼굴이 빨개집니다. 그러한 일이 되풀이되며, 인간 사회에 도덕관념과 양심이 싹터왔다는 것입니다.

그림 1 침팬지의 얼굴 표정(구달, 1973)

2 _____ 유인원의 공감능력

인간은 감정 면에서 다른 동물과는 다른 능력이 있다고 합니다만, 동물과 이어지는 특징이 있다는 점도 지적되었습니다. 1960년에 아프리카 탕가니카 호숫가에 있는 곰비 국립공원에서, 야생 침팬지 연구를 시작한 영국인 제인 구달은 『인간의 그늘에서: 제인 구달의 침팬지 이야기』라는 책을 썼습니다. 그녀와 친한 침팬지의 얼굴 표정이 그림으로 그려져 있습니다(그림 1). 그 그림을 보면 침팬지에게도 인간 못지않은 감정표현이 있음을 알 수 있습니다. 침팬지는 매우 감정이 풍부한 사회생활을 하고 있는 것입니다.

고릴라에게도 생면부지의, 그것도 궁지에 놓인 인간을 구한 예가 있습니다. 빈티라고 불리는 암컷 고릴라로, 미국의 브룩필드 동물원에 살고 있었습니다. 고릴라들이 있는 사육장은 6m 높이의 관객석과 도랑못에 의해 분리되어 있었습니다. 어느 날 관객석에서 고릴라를 보고 있던 세 살짜리 남자아이가, 무심코 몸을 앞쪽으로 기울이다 그 도랑못에 빠지고 말았습니다. 도랑못은 때마침 물을 채우지 않은 상태였기 때문에, 아이는 콘크리트 바닥에 몸을 부딪쳐 정신을 잃고 말았습니다.

관객석은 어수선해졌습니다. 사육장에는 체중 200kg을 넘는 수컷 고릴라도 있었습니다. 대참사가 일어날지도 모르는 상황에 누구라도 파랗게 질렸을 것입니다. 그러나 마침 그곳에 있던 인간 남자들은 고릴라가 무서워서, 뛰어 내려가 아이를 구하려고 하지는 않았습니다.

사람들의 소란을 알아차리고는 고릴라들이 다가왔습니다. 수컷 고릴라는 신기한 듯 남자아이를 들여다보았습니다. 사육사들은 호스로 물을 뿌려 어떻게든 고릴라들을 남자아이로부터 떼어 놓으려 했습니다. 그때 빈티가 쏟아지는 물을 헤치고서 다가왔습니다. 그러고는 그 기절한 남자아이를 안아서 사육사가 있는 입구까지 데리고 가, 그곳에서 기다리고 있던 사육사에게 건네주었던 것입니다. 옮길 때 아이를 달래는 듯한 몸짓까지 했다고 합니다.

이 빈티의 행동을 둘러싸고 논쟁이 일었습니다. 빈티는 이 남자아이의 위기를 정말로 이해하고 도우려 했던 것인가. 아니면 인간이 하는 모습을 흉내 내서 혹은 전에 인형과 놀던 일을 기억하고, 남자아이를 안아서 옮겨 본 것뿐인가. 나는 전자라고 생각합니다. 고릴라는 자신과는 다른 동물이 위기에 처했음을 알고, 게다가 그 위기에서 구하려면 어떻게 해야 좋을지도 이해하고서 남자아이를 구한 것입니다.

야생 고릴라에게서 비슷한 상황을 관찰한 적이 있기 때문에 알 수 있습니다. 30여 년 전에 아프리카 르완다에 있는 화산국립공원에서 마운

그림 2 베토벤과 그 동료들
필자 제공. 이하 설명이 없는 것은 같음.

틴고릴라를 조사하고 있었습니다. 그곳에서는 고릴라 세 집단이 인간과 친숙해진 상태였기 때문에, 가까이에서 고릴라의 행동을 관찰할 수 있었습니다. 당시는 밀렵꾼들이 영양 무리를 잡으려고 숲속에 올가미를 놓았었는데, 그 덫에 고릴라가 실수로 손이나 다리를 집어넣고 끌어올려져서 다치는 일이 있었습니다. 철제 올가미이기 때문에 손목이나 발목이 단단히 조여지면 좀처럼 빼낼 수가 없어서, 피가 통하지 않게 되어 괴사되거나 심하면 죽음에 이르는 일도 있었습니다.

그런데 베토벤이라는 이름의 실버 백(등의 털이 하얗게 된 성숙한 수컷)이 있는 집단에서는, 올가미의 피해를 당한 고릴라가 없었습니다(그림 2). 이상하게 생각하던 어느 날, 재미있는 장면을 목격하였습니다. 고릴라가 소란을 피우고 있어서 가까이 가보니, 세 살 된 어린 고릴라가 올가미에 걸려 손이 매달린 채로 비명을 지르고 있었던 것입니다. 베토벤은 이 아이를 안아 올리고, 올가미를 휘어서 능숙하게 철제 고리를 벗겨냈습니다. 언뜻 보면 간단한 듯하지만, 이 작업은 굉장히 어렵습니다. 아이를 구하려고 잡아당기면 올무는 점점 더 강하게 조여집니다. 아이를 올무 쪽으로 가깝게 해서, 고리를 당기고 있는 가지를 휘거나 꺾지 않으면 안 됩니다. 즉, 올무의 구조를 알고, 그와 동시에 올무로부터 달아나려는 아이의 움직임을 제지하고서 올무를 벗기지 않으면 안 되는 것입니다. 이 행동에는 일을 객관적으로 보는 사고법과 아이의 위기를 이해하는 공감능력이 필요합니다.

공감능력이 실제로는 인간 이외의 동물에게도 있다는 사실은 1990년대에 이탈리아의 자코모 리졸라티(Giacomo Rizzolatti) 연구팀에 의해 밝혀졌습니다. 일본원숭이와 동류인 마카카속(屬)의 원숭이인데, 다른 원숭이가 하는 행동을 보면 뇌의 특정 부분이 흥분합니다. 그 부분을 거울신경세포(Mirror neuron)라고 이름 붙였습니다. 시모조 선생의 이야기를 응용하면, 뇌가 다른 개체의 뇌와 이어져 있고, 몸을 회로로 하여 타자와 동조합니다. 그 능력, 즉 공감능력이 인간과 원숭이에게 있다는 것입니다. 이는 매우 획기적인 발견이었습니다.

그러나 공감과 동정이라는 두 가지 능력은 같은 것이 아닙니다. 공감이라는 것은 타자의 기분을 느끼는 마음이지만, 동정은 한발 더 나아가 타자를 배려하는 마음입니다. 영어로는 공감을 empathy, 동정을 sympathy라고 하는데, 역시 다른 것입니다. 공감을 느끼는 것만으로는 동정하는 행동이 바로 나오지는 않습니다. 그리고 양심은 그보다 훨씬 다른 것입니다. 규칙을 내면화하고 자신이 속한 사회의 가치관에 공명합니다. 그것을 기준으로 해서 자신의 행동을 평가하는 마음입니다.

문화인류학자인 크리스토퍼 보엠(Christopher Boehm)이 최근 출간한 『모럴의 기원』에서 분석하고 있습니다만, 얼굴을 붉힌다, 즉 창피를 당하는 현상은 어느 민족에게서도 볼 수 있습니다. 그러나 인간 이외의 동물에게서는 볼 수 없습니다. 부끄러워하는 마음은 인간의 조상이 침팬지의 조상과 갈리고 나서, 인간 계통에만 나타났음을 알 수 있습니다. 게다가 얼굴을 붉힌다는 생리현상이 되었기 때문에, 아마도 먼 옛날에 나타난 특징일 것입니다. 다만 '죄'에 해당하는 말은 많은 민족에게서 발견되지 않는 듯합니다. 죄와 벌이라는 것은 어떤 문화에서는 명확히 정의되어 있지만, 다른 문화에는 없습니다. 즉, 인간은 먼저 부끄러움의 마음을 획득하고, 그러고 나서 규칙을 내면화하여 죄의 의식, 즉 양심을 가지게 되었다고 생각됩니다. 공감은 원숭이 시대에 싹텄고, 유인원에서는 동정심의 싹이 보입니다. 그리고 인간의 조상이 된 후 동료의 시선을 받으면서 부끄러움의 의미가 발달하고, 마지막으로 사회에 의해서는 죄의 의식이 조성되었다고 생각할 수 있습니다.

3 ____ 원숭이 사회의 규칙

동물 사회에도 규칙이 있습니다. 그 규칙이 어떻게 만들어지고 어떻게 기능하는가를 살펴봄으로써, 인간이 규칙을 어떻게 내면화했는지 알 수 있을 것입니다.

동물 사회의 규칙은 경쟁을 해결하는 수단이 되었습니다. 경쟁하지 않는다면 모두 제멋대로 행동하면 됩니다. 하지만 동료와 함께 살고 있는 이상, 역시 무엇인가 경쟁할 것이 있습니다. 그것은 먹이, 그리고 성의 상대입니다.

육식동물과 달리 영장류는 매일 음식을 먹어야 합니다. 그 능력은 우리 인간도 이어받고 있습니다만, 먹는 일은 일상의 문제입니다. 식량은 한정되어 있지만, 그 음식을 동료와 사이좋게 먹을 필요가 있습니다. 또한 번식을 하고 자손을 남기고 싶다는 욕망은 누구에게나 있습니다. 그러나 상대가 필요합니다. 이처럼 음식과 성이라는 것을 두고 개체끼리 서로 경쟁을 하지만, 그 경쟁하는 대상의 성질이 다릅니다.

일반적으로 동물은 먹을 때는 동료에게 그리 가까이 가지 않고 서로 떨어져서, 혼자 음식을 독차지하고서 먹으려 합니다. 그런데 성교를 할 때는 모두가 보는 곳에서 합니다. 공개적으로 성교를 하는 것입니다.

그러나 인간은 그 반대입니다. 식사는 공개합니다. 어떤 문화에서도 다들 인심이 좋아서, 생면부지의 타인이 와도 음식을 내어주는 일이 많습니다. 하지만 성교는 감춥니다. 인간은 동물과는 완전히 정반대의 행동을 하고 있습니다. 이러한 정반대의 행동이 언제부터, 어떤 이유로 생겼는가. 이를 살펴봄으로써 인간 사회의 규칙을 이해할 수 있을 것입니다.

나의 스승인 이타니 준이치로(伊谷純一郎)는 영장류 사회의 진화를 구상하였습니다(그림 3). 영장류는 현재 약 300종류가 있고, 야행성 종과 주행성 종으로 나눌 수 있습니다. 그리고 주행성 종에서는 수컷과 암컷이 페어라고 하는 한 쌍의 부부 같은 무리를 만드는 종과 수컷 한 마리와 여러 마리의 암컷으로 무리를 만드는 종, 여러 마리의 수컷과 암컷이 무리를 만드는 종 등, 종에 따라 다양한 구성의 무리가 있습니다. 그리고 이러한 다양한 구성의 무리는 모계와 부계라는 두 가지 타입으로 수렴되는 것이 아닌가 하고, 이타니 선생은 생각하였습니다. 모계의 종에서는 암컷이 평생 집단을 떠나지 않습니다. 그러므로 할머니, 엄마, 딸이 계속 함께 하나의 무리를 만들고, 수컷만 그 무리를 이리저리 떠돌아다닙니다. 이는 일본원숭이 같은, 일반적으로 우리가 원숭이라고 부르는 종의 대부분이 해당합니다. 그러나 사람에 가까운 유인원, 고릴라, 침팬지, 오랑우탄은 암컷이 부모 슬하를 떠나 낯선 이성과 만나서 번식을 합니다.

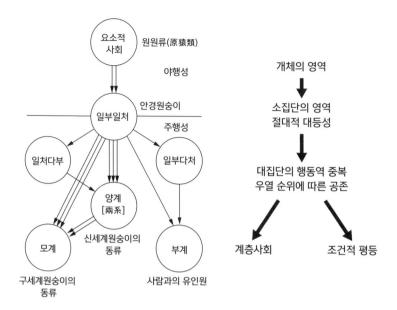

그림 3 영장류 사회의 진화의 방향(화살표로 표시)(이타니, 1987)

그리고 실제로 먹이 경쟁을 억제하는 규칙을 생각하면, 우선은 개체의 영역이 이 진화의 계통에서 기본이 됩니다. 그 다음에 이성으로 페어를 만들고, 각각의 페어가 영역을 이루게 되고, 머지않아 집단이 커지고, 영역이 점점 없어져 무리 생활을 한다는 진화의 경로를 생각하였습니다.

인간 이외 영장류의 주된 먹이는 식물이므로 움직이지 않습니다. 하지만 성의 대상은 움직입니다. 수컷이 움직이기도 하고, 암컷이 움직이기도 합니다. 더구나 상대가 자신을 선택해주어야 하기 때문에, 자신이 바란다고 해도 곧바로 상대를 독점할 수는 없습니다. 음식과 성의 경쟁은 다른 것이지요.

영장류가 무리 생활을 하게 되고, 무리가 점점 커지고, 그 규칙이 점차 변화해 갑니다. 개체의 영역의 경우, 먹이를 둘러싼 경쟁에서는 그 영역에 들어가지 않으면 싸움이 되지 않고, 성의 상대를 놓고는 이성은 경쟁의 대상이 되지 않습니다. 한 마리 수컷과 한 마리 암컷의 무리라면, 성을 둘러싼 경쟁에서는 동성의 개체를 배제하면 될 것입니다. 그러나 여러 마리의 동성이 공존하는 무리에서는 동성 사이의 규칙에, 이성 사이의 규칙까지 필요하게 되어 복잡해집니다.

그때 영역 다음으로 영장류 사회가 확립한 것은 선험적으로 불평등한 사회, 우열을 가려 약한 개체가 물러나는 우열 사회의 규칙입니다. 강하고 약한 서로의 힘의 차이를 미리 인식하여 공존하려는 규칙입니다. 개체 간의 직선적인 우열의 서열이 생기면, 우열의 계층으로 발전합니다. 그러나 암컷이 이동하는 유인원 사회에서는 그 선험적 불평등이라는 인식을 무시하는 듯한 규칙이 발달하였습니다. 바로 조건적 평등 사회입니다.

그러면 영역에서 큰 무리로의 진화는 어떻게 일어났는가. 새와 영장류의 영역은 다릅니다. 새는 수컷이 영역을 만들고, 그곳에 암컷을 불러들입니다. 영장류는 수컷, 암컷이 각각 영역을 이룹니다. 수컷의 영역 쪽이 큽니다. 먹이 경쟁을 암수 사이에서 억누르고, 성의 경쟁만 표면화하여 암수의 페어로 영역을 이루게 됩니다. 그리고 기후변화 등에 의해 식량 조건이 악화하여 넓은 범위를 돌아다니며 식량을 모을 필요가 생기면 영역이 점점 붕괴됩니다. 영역은 지킬 수 있는 넓이가 아니면 성립하지 않으므로, 하루에 돌아다닐 수 있는 범위를 넘으면 지킬 수 없게 됩니다. 그렇게 되면 다른 무리와 유동 영역이 중복됩니다. 그것은 더 이상 영역이라고는 말할 수 없겠지요. 그 중복도가 점점 커져서 언젠가는 영역이 없어집니다. 고릴라는 영역이 없지만, 그러한 집단끼리의 관계가 생기는 일도 있을 것입니다.

그러나 영역은 없지만, 고릴라에게는 무리라는 집단을 유지하는 가치관은 남아 있습니다. 이 점이 중요합니다. 그것을 인간이 이어받았기 때문입니다. 어째서 영역의 가치관이 남아 있는가 하면, 무리로의 귀속 의식이 있기 때문입니다. 어떤 무리에 나는 속하고 있다는 귀속 의식이 있기 때문에, 무리라는 테두리가 유지되는 것입니다.

그리고 어떤 땅을 그 무리가 점유하고 있다, 혹은 다른 무리와 공유하고 있다는 의식이 싹틉니다. 인간 이외의 영장류에서는 그 점유 혹은 공유하는 땅을 이 땅은 내 것, 저 땅은 네 것이라는 식으로, 같은 무리 안에서 분할하여 소유하지는 않습니다. 함께 공유하는 것입니다. 그것을 사실은 인간도 이어받았다고 생각합니다. 그러므로 인류의 조상도 개인이 땅을 소유하지는 않았을 것입니다. 땅을 서로 공유했을 터입니다. 오늘날에도 수렵채집민의 사회에는 이 경향이 강하게 남아 있습니다.

4 _____ 먹이를 둘러싼 규칙

원숭이와 유인원의 주식이 되는 식물은 움직이지 않으므로, 음식의 소유는 곧 장소의 소유입니다. 어떤 식물이 자라고 있는 장소, 나뭇잎이 있는 장소, 맛있는 과일이 있는 장소, 그곳을 누군가가 점유합니다. 그것이 영장류의 소유입니다.

먹이의 질과 양에 따라 소유의 양상이 달라집니다. 조금밖에 없으면 한 마리밖에 독점할 수 없겠지만, 많이 있으면 여러 마리의 개체가 함께 먹을 수 있습니다. 또 여러 마리가 먹을 수 있는 양이 있어도, 개체 간에 우열의 차이가 있으면, 우위의 개체가 그 먹이를 독점하거나 먼저 먹거나 합니다. 먹이의 질이 높으면, 그 먹이를 획득하는 데 우열이 강하게 반영

그림 4 그리메이스

됩니다. 그와 같이 먹이에 따라 사회성은 큰 영향을 받습니다.

여러 마리의 암수가 공존하는 무리의 영장류가 발달시킨 것은, 먹이 경쟁 상황에서는 우선권을 정해 우위의 개체가 먹이를 독점한다는 규칙이었습니다. 하지만 여기에는 선행보유자 우선의 원칙이 있고, 일단 먹이를 손에 들면 더 이상 빼앗기지 않습니다. 우열의 규칙은 아직 소유가 정해지지 않은 먹이에 대해서만 적용되는 것입니다.

개체 간의 우열의 차를 확실히 가리기 위해서 표정이 발달하였습니다. 강한 원숭이는 위협하는 표정, 약한 원숭이는 알랑대는 표정을 짓습니다. 후자는 '적의가 없음'을 나타내는 얼굴 표정으로 그리메이스(grimace)라고 합니다(그림 4). 길고 날카로운 엄니를 일부러 보이면서, 하품을 위협의 표정으로 사용하는 종도 있습니다.

선험적 불평등에 바탕을 둔 원숭이의 사회성은 우열의 인지에 의해 지탱됩니다. 도대체 자신이 무리 안에서 어떠한 사회적 위치에 있는가. 그것을 정확히 인식하여 표정이며 몸짓이며 자세로 표현하지 않으면, 안정되게 그 무리에 존재할 수 없습니다.

그것을 원숭이들은 어릴 때부터 배웁니다. 자기보다 강한 동료에게 괴롭힘을 당하면 열위의 표정을 짓고 물러나야 합니다. 그러나 지기만 하

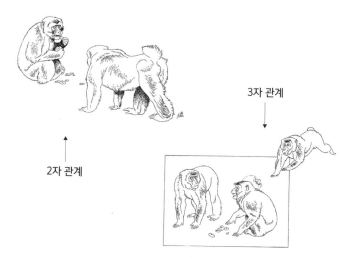

그림 5 원숭이의 우열관계(미즈하라, 1986).

면 곤란하니까, 이번에는 자신보다 약한 원숭이에게 다가갑니다. 그러면 자신은 그저 약하기만 한 존재가 아니고 다른 원숭이에게는 강하게 행동할 수 있음을 배우게 됩니다. 자신이 공격을 당하면 공격당하기만 하는 것이 아니라 다른 약한 원숭이를 공격하는 것입니다. 즉, 자신이 공격당할 입장이지만, 공격 상대를 바꿔서 약한 원숭이를 함께 공격하는 형태로 가져갈 수 있습니다. 원숭이 사회에서는 우열이 직선적이기 때문에, 그 직선적인 우열 관계를 이용하여 사회 안에 확실한 자기 자리를 만드는 것입니다.

먹이를 두고도 비슷한 일이 일어납니다. 강한 원숭이가 먹이를 독점하는 것이 원숭이의 규칙이기 때문에, 강한 원숭이가 다가오면 약한 원숭이는 먹이에 손을 대지 않습니다. 약한 원숭이는 열위의 표정을 지으며, 상대 원숭이에게 자신에게 적의가 없음을 알리지 않으면 안 됩니다(그림 5). 하지만 원숭이는 자신과 상대 중 어느 쪽이 강한가 약한가 하는 것뿐만 아니라, 다른 원숭이 중에 어느 쪽이 강하고 약한지도 잘 알고 행동합니다. 지금 약한 원숭이가 음식을 먹으려고 하면, 바로 앞에 있는 원숭이 쪽이 강하기 때문에 먹이에 손을 댈 수 없습니다. 하지만 살짝 오른쪽을 보니 눈앞의 원숭이보다도 강한 원숭이가 다가옵니다. 이 녀석을 이용하기 위해 도움을 청합니다. 그러면 직선적 순위 관계가 있기 때문에, 강한 원숭이는 자신보다 약한 원숭이가 강해 보이는 태도를 취하면, 자신의 지위가 위협당한다고 느껴 두 번째로 강한 원숭이를 쫓습니다. 그러면 가장 약한 원숭이가 먹이를 먹을 수 있게 됩니다. 이것이 원숭이 사회의 규칙을 적용한 원숭이의 행동 방식, 원숭이의 지혜입니다. 잔꾀라고 해도 좋겠지요(웃음).

이 지혜는 많은 원숭이 종이 가지고 있습니다. 개코원숭이와 일본원숭이도 긴꼬리원숭이의 동류로 비슷하게 행동합니다. 우열에 의한 사회관계를 인지하여 승자를 만듦으로써 다툼을 방지하는 것입니다.

5 _____ 유인원의 먹이 분배

그러나 내가 연구하고 있는 고릴라는 구태여 승자를 만들지 않습니다. 패자가 없으면 승자도 없습니다. 그러면 다툼이 일어나면 끝이 없겠다고 생각할 테지만, 중재자가 있습니다. 즉, 승패를 가리지 않고 제삼자가 들어와 그 싸움을 중재함으로써, 양쪽이 체면을 유지한 채 무승부가 됩니다. 이러한 공존의 방법도 있습니다.

아프리카의 비룽가 화산군이라는 고지에는 마운틴고릴라가 살고 있습니다. 영역이 없기 때문에 다양한 무리가 만나게 됩니다. 하지만 무리의 윤곽은 확실히 구분되어 있어, 무리끼리 섞이는 일은 거의 없습니다. 그러나 이러한 때에 암컷이 무리 사이를 이동하는 일이 있습니다. 또한 새끼가 죽임을 당하기도 합니다. 그래서 무리가 만날 때는 모두가 긴장합니다.

그림 6 드러밍

무리의 리더 수컷은 자신의 강함을 보이려고 가슴을 칩니다(drumming, 그림 6). 이는 디스플레이 행동으로, 특정 개체를 공격하려는 것은 아닙니다. 자신을 강하게 보이려고 가슴을 치고, 상대의 반응을 살핍니다. 상대 무리의 수컷도 마찬가지로, 자신의 강함을 보이려고 가슴을 칩니다. 그러면 양쪽의 수컷이 점점 흥분하여, 가까이에서 마주한 채 가슴을 치는 모습이 펼쳐집니다.

어느 쪽의 수컷도 진 것이 아니기 때문에, 이대로라면 충돌하여 격한 싸움이 나겠다고 생각하고 있으면, 가까이서 지켜보던 암컷이, 그것도 새끼를 등에 태운 암컷이 다가와서 수컷을 달랩니다. 새끼가 다가오는 일도 있습니다. 그러면 수컷은 싸움을 멈춥니다. 이러한 중재가 있으면 수컷은 체면을 유지한 채 물러날 수 있는 것이지요. 승부를 겨루지 않고 끝이 납니다. 단, 이때에 교미가 가능한 암컷이 무리를 옮기려는 움직임을 보이거나 하면, 이제 수컷은 잠자코는 물러날 수 없습니다. 암컷의 소속이 확실해질 때까지 수컷은 계속 싸워서, 큰 부상을 입기도 하고 심하면 목숨을 잃기도 합니다.

먹이를 둘러싼 경쟁을 해결하는 수단도 유인원과 원숭이가 상당히 다릅니다. 침팬지의 동류로 보노보라는 유인원이 있습니다. 사탕수수를 먹고 있는 수컷에게 새끼를 거느린 암컷이 다가와서 분배를 요구합니다

그림 7 유인원의 먹이 분배(좌: 보노보)와 먹이 장소의 양보(우: 고릴라). 왼쪽은 가노 다카요시 촬영.

(그림 7). 당연히 수컷보다 암컷 쪽이 몸이 작으므로, 싸움을 하면 수컷 쪽이 셉니다. 그런데 '먹을 것 좀 줘' 하고 암컷이 손을 내밀면, 수컷은 자신이 먹고 있던, 아직 당분이 가득 차 있는 사탕수수를 그 손에 떨어뜨려 줍니다. 고릴라에서도 몸이 큰 수컷이 맛있어 보이는 나무껍질을 먹고 있으면, 새끼 고릴라가 다가와서 그 나무껍질을 가만히 쳐다봅니다. 그러면 수컷은 먹이가 있는 장소를 새끼에게 양보합니다. 이 같은 일은 일본원숭이나 개코원숭이에게서는 볼 수 없습니다. 유인원에서는 약한 쪽이 다가와서 먹이가 있는 장소를 빼앗는, 원숭이와는 반대의 일이 일어나는 것입니다.

침팬지에서는 고기의 분배 행동을 자주 볼 수 있습니다. 큰 수컷이 방금 사냥해 온 원숭이 고기를 가지고 있으면, 그곳에 암컷들이 찾아와 수컷을 빙 둘러싸고는 손을 내밀어 분배를 요구합니다(그림 8). 수컷은 사실 이 고기를 독점해서 자기 혼자 먹고 싶습니다. 그렇지만 이 암컷들의 요구가 너무나도 집요합니다. 고기를 가지고 도망치려 해도, 뒤따라가 분배를 요구합니다. 어쩔 수 없다는 듯, 암컷이 고기를 손으로 뜯어가도록 허락합니다.

고릴라가 침팬지처럼 어른 사이에서 먹이를 분배하는 모습을, 우리

그림 8 침팬지의 육식과 분배

그림 9 고릴라의 먹이 분배

팀이 처음으로 관찰하였습니다. 아프리카 가봉의 저지(低地) 열대우림에서 서부로랜드고릴라를 관찰하고 있을 때, 아프리카 빵나무의 축구공만큼 큰 열매가 눈앞에 떨어졌습니다. 곧바로 큰 수컷이 그 열매를 주워서 먹기 시작했습니다. 그러자 암컷들과 새끼들이 다가와 수컷을 에워싸고는 가만히 수컷을 쳐다보았습니다(그림 9). 수컷은 느긋하게 열매를 작게 잘라 땅으로 떨어뜨려서, 모두에게 주었습니다. 침팬지처럼 직접 건네지는 않지만, 이는 훌륭한 분배 행동입니다.

먹이의 분배 행동을 영장류의 계통에 따라 살펴보면, 분배가 잘 일어나는 계통과 전혀 일어나지 않는 계통이 있습니다(그림 10). 구세계원숭이인 긴꼬리원숭이과의 원숭이에게는 거의 일어나지 않는 한편, 신세계원숭이인 타마린, 마모셋, 유인원에게는 잘 일어납니다. 그리고 어른들 사이에서 먹이의 분배가 일어나는 종은 반드시 어른에서 유아로의 분배가 일어나고 있습니다.

타마린과 마모셋은 쌍둥이나 세쌍둥이를 낳습니다. 더구나 갓난아이의 체중이 무겁기 때문에, 엄마 혼자서는 갓난아이를 안아서 이동시킬 수 없습니다. 그래서 여러 마리의 수컷이나 손위의 아이들이 갓난아이를 안아서 옮기고 돌봅니다. 엄마가 갓난아이를 접하는 것은 젖을 줄 때뿐

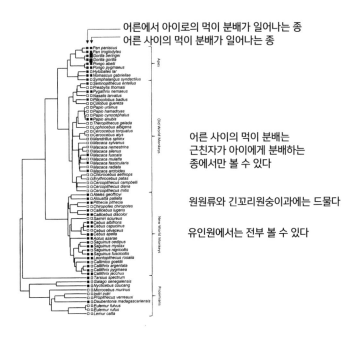

그림 10 먹이 분배가 발현되는 종의 계통 비교(Jaeggi & Schaik, 2011).

인 경우도 있습니다. 그리고 유인원의 갓난아이는 장기간 젖을 먹고, 성장에 시간이 걸립니다. 그러므로 유아에 대한 먹이 분배가 일어나는 종은 다산으로 공동 보육이 필요하다거나, 육아에 시간이 걸린다는 특징이 있음을 알 수 있습니다. 유아에 대한 먹이 분배는 음식 메뉴를 넓히거나, 음식 조리 기술을 향상시키거나, 젖떼기를 촉진시키는 효과가 있다고 생각할 수 있습니다. 그리고 그러한 유아에 대한 분배가 어른 사이에도 보급되어, 다른 의미를 가지게 되었다고 볼 수 있습니다.

원래 영장류는 먹이를 분배하지 않았습니다. 왜냐하면 영장류의 주식인 식물은 열대우림이라면 어디에서든 얻을 수 있어, 분배할 필요가 없기 때문입니다. 식물이 자라는 장소에 가서 각자가 그 장소를 점유하고 먹으면 됐습니다.

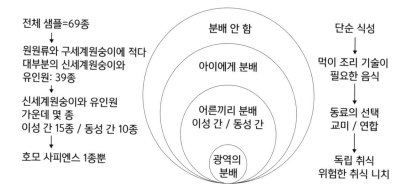

그림 11 먹이 분배행동의 진화(Jaeggi & Gurven, 2013을 수정)

그러나 어느 때에 어린아이에게 분배하는 종이 나타났습니다(그림 11). 다산과 아이의 성장 기간이 늘어난 것이 원인이겠지요. 그리고 그 가운데에서 어른끼리 먹이를 분배하는 종이 나타났습니다. 침팬지는 혈연자나 동맹관계를 맺은 동료, 교미상대 등에게 우선적으로 먹이를 나누어 주는 경향이 있습니다. 우리가 관찰한 고릴라의 수컷에서 암컷으로의 분배도, 그 다음 날과 다음다음 날에 교미가 있었습니다. 먹이의 분배에는 친밀한 사회관계가 반영되어 있거나, 새로운 사회관계로 이어진다는 점을 시사합니다.

그러한 어른들끼리 먹이를 분배하는 종 가운데에서 다시, 월등히 인심 좋은 종이 나타났습니다. 바로 인간입니다. 인간은 자신의 혈연 여부와 상관없이, 자신의 이해와도 관계없이 음식을 서로 나눕니다. 이러한 일이 가능한 것은 인간 한 종뿐입니다. 왜 그러한 일이 진화의 과정 속에서 정착하게 되었는지 매우 큰 의문입니다만, 필시 인간의 선조가 열대우림을 나와서, 초원이라는 유인원이 서식할 수 없는 위험한 환경으로 발을 들여놓은 일과 관계가 있을 것입니다. 동료들과 음식을 두루두루 나누지 않으면 살아남을 수 없었을 것이라고 생각됩니다.

6 ____ 인간의 음식 분배

유인원의 먹이와 관련된 규칙은 원숭이와 다릅니다. 원숭이는 서로의 갈등을 서로의 우열을 반영시켜 해결합니다. 단, 일단 손에 들어온 먹이는 빼앗기지 않고, 손에 넣기까지가 관건입니다. 그러나 유인원은 다른 개체가 이미 손에 넣은 먹이를 빼앗으러 갑니다. 유인원에서는 먹이를 가지고 있어도 자신의 것이 아닙니다. 즉, 소유를 인정하지 않습니다. 그러므로 분배가 일어나는 것입니다.

인간의 음식 분배는 그 너그러움에 있어서 유인원을 능가합니다. 눈앞에 분배할 상대가 없는데도, 누구든 동료에게 주려는 생각으로 음식을 찾으러 가는 것이지요. 음식이 싸움의 원인이라고는 꿈에도 생각하지 않고, 함께 나누어 먹는 일이 당연하다고 생각합니다. 인간은 음식이란 사이좋게 지내기 위한 도구라고 생각했던 것입니다.

우리 인간은 일상적으로 이 같은 행동을 하고 있습니다. 하지만 원숭이가 본다면 말도 안 되는 일입니다. 침팬지가 보아도, 인간의 분배 행동은 너무나도 지나치게 인심이 좋은 것입니다. 게다가 음식에 인색하게 구는 사람은 동료로부터 비난을 받는 등, 나쁜 평가를 받습니다. 어느 문화에서도 음식은 아끼지 않고, 인심 좋게 누구에게나 나누어 주는 것이 인간의 기본 규칙입니다. 이는 원숭이의 입장에서 보면 매우 이상한 일일 것입니다.

19세기 이후 인류의 진화를 추진한 키워드가 몇 가지 제안되었습니다. 사고하는 능력, 도구나 무기를 만드는 능력, 언어와 상징을 사용하는 능력 등이 거론되었는데, 어떤 것도 700만 년의 진화사 속에서는 비교적 최근에 나온 것임이 밝혀졌습니다. 현재는, 음식을 공유한다는 점이 인간에게만 특별히 보이는 특징이기 때문에, 먼 옛날부터 인류의 진화를 추진했던 능력이 아닌가 생각하고 있습니다.

더구나 인간은 단지 음식을 공유하기만 한 것이 아닙니다. 먹는 방법을 크게 변화시켜 왔습니다. 침팬지는 확실히 동료들과 먹이를 나누기는 하지만, 요구받지 않는 한은 절대로 나누어 주지 않습니다. 그러나 인간은 요구받지 않아도 적극적으로 음식을 내놓습니다.

또 침팬지는 먹이를 그리 멀리까지 옮기지 않습니다. 그러나 인간은 상당히 먼 거리까지 음식을 날라서 동료들과 먹습니다. 이는 아마도 직립 이족보행과 관계가 깊을 것입니다. 서서 두 다리로 걷게 되어 자유로워진 손으로 귀중한 음식을 운반하고, 그 음식을 동료들이 있는 곳으로 가지고 와서 먹는 일이, 가장 처음 일어난 인간다운 취식 행동이 아닌가 생각합니다.

이때 이미 공감능력은 높아져 있었을 것입니다. 동료가 없는데도 동료를 배려하는 공감이나 동정심이 없으면, 이 운반이라는 행동도 생겨나지 않으리라고 생각되기 때문입니다.

뇌가 처음으로 커지기 시작한 것은 200만 년 전으로, 그 50만 년 정도 전에 육식이 증가하였습니다. 고기는 식물에 비해 에너지가(energy value)가 현격히 높습니다. 고기를 먹음으로써 뇌를 크게 만들 수 있는 여유가 생겼다는 가설이 있습니다. 즉, 에너지의 여분이 생겼다는 말입니다. 그 덕에 뇌를 크게 만들 수 있게 되었다는 것입니다.

그리고 이번에는 소화에 쓰일 에너지를 뇌의 발달에 사용할 수 있게 하는 개변이 일어났습니다. 바로 조리입니다. 불은 대략 160만 년 전에 사용하기 시작했다고 하지만, 일상적으로 사용하게 된 것은 80만 년 전입니다. 그 무렵에는 아마 조리도 하고 있었을 것입니다. 두드리거나 잘게 다지거나 해서, 음식을 부드럽고 작게 만드는 것입니다.

불과 조리는 무엇을 초래하는가 하면, 소화율의 향상을 가져옵니다. 현대인의 위는 같은 체중 포유류의 삼분의 일, 대장은 같은 체중 영장류의 60%밖에 안 됩니다. 유인원과 비교해도 소화에 소비하는 에너지는 10%나 적고, 씹는 데 소비하는 시간은 오분의 일입니다. 인간은 음식을 가공함으로써, 저작[1]이나 소화에 걸리는 시간과 에너지를 크게 절약할 수 있게 된 것입니다. 그리고 절약한 에너지를 증대하여 뇌에 사용하고, 남은 시간을 사회관계에 할당합니다. 이 사회관계가 다시 뇌의 대형화를 촉진합니다. 점점 더 에너지의 절약이 필요해지고 음식 조리 기술이 진보합니다. 이러한 진화가 일어난 것입니다. 그리고 약 1만 2,000년 전에 식량 생산이 가능하게 되었습니다. 그에 따라 영양 상태가 뚜렷이 개선되고, 인간은 점점 인구를 늘릴 수 있었습니다.

인간의 뇌는 사회뇌로서 진화했다는 '사회뇌 가설'이 있습니다. 인간이외 영장류의 뇌의 신피질이 차지하는 비율과 그 종의 평균적인 집단의 크기가 정(正)의 상관관계를 보이기 때문입니다. 즉, 일상적으로 사귀는 동료의 수가 늘어나면, 신피질의 비율이 늘고 뇌는 커진다는 것입니다. 동료와의 우열관계를 인지하는 원숭이도, 상대와 자신의 우열에 근거하여 행동하기 때문에 동료의 수가 늘면 기억할 것도 늘어납니다. 영장류의 뇌는 사회 문제를 해결하기 위해 발달하였다는 설인 것입니다.

---

1 음식을 입에 넣고 씹음.

이 설을 제창한 로빈 던바는 이 신피질의 비율과 종에 따라 다른 집단 크기의 상관관계를 화석인류에 적용해 보았습니다. 머리뼈의 보존 상태가 좋으면, 그 안에 들어 있던 뇌의 용적과 모양을 알 수 있습니다. 그러면 각 시대 화석인류의 평균 집단 크기를 계산해 낼 수 있습니다. 약 350만 년 전부터 오스트랄로피테쿠스라는 인간이 나오고, 여러 종의 인류가 등장합니다. 점차 뇌가 커지는 것이지요.

이 추정에 의하면 200만 년 전에 처음으로 뇌가 커지기 시작할 무렵의 호모 사피엔스는 50~70명 정도의 집단에서 살았고, 뇌가 1,400~1,600cc인 현생인류는 대략 150명 정도의 평균 집단 크기를 가진다는 결론이 나왔습니다. 즉, 현대를 살고 있는 인간은 기껏해야 150명 정도의 사람들과의 사회관계를 인지하고, 그에 따른 교제를 뇌를 사용하여 만들고 있다는 것입니다. 분명히 현대에 살아 있는 수렵채집민, 즉 자신들이 식량을 생산하지 않고 자연의 음식에만 의존하는 수렵채집민 마을의 평균적 규모는 150명 정도라는 수치가 나와 있습니다. 아마도 그 집단 크기가 현대인과 같은 뇌의 크기를 완성시켰을 때에 적합한 것이었겠지요.

중요한 점은 언어라는 현대인에게 특유한 커뮤니케이션이 비교적 최근에 획득되었다는 사실입니다. 확실하지는 않지만 대략 5만~15만 년 전 정도밖에 거슬러 올라가지 않을 것이라고 합니다. 그 이전에는 언어가 없었습니다. 더구나 인간의 뇌는 약 60만 년 전에 1,500cc를 넘었으므로, 아마도 뇌가 커진 이유는 언어가 아닐 것입니다. 뇌가 커졌기 때문에 언어가 생긴 것이지, 언어를 사용한다는 것이 뇌를 커지게 한 이유는 아닙니다. 언어와는 다른 커뮤니케이션을 통해 동료와 관계를 맺었던 것이, 아마 사회뇌로서의 뇌를 커지게 했다고 생각됩니다.

화해 →

← 인사

그림 12 고릴라 특유의 대면관계

7 ＿＿＿＿ 커뮤니케이션의 진화

　그렇다면 언어 이전에, 도대체 어떤 커뮤니케이션이 있었을까요. 고릴라와 침팬지의 행동이 좋은 힌트가 됩니다. 고릴라는 원숭이에게는 없는 대면 관계라는 커뮤니케이션이 있습니다. 인사를 할 때나 화해를 할 때 얼굴과 얼굴을 가까이 맞대는 행동입니다. 이 행동은 원숭이에서는 불가능합니다. 원숭이는 상대를 쳐다보는 행동이 위협이 되기 때문에, 약한 원숭이는 시선을 피하지 않으면 안 됩니다. 그러므로 얼굴과 얼굴을 가까운 거리에서 지긋이 마주 보는 행위는 일어나지 않습니다.

　하지만 고릴라에서는 일어납니다(그림 12). 그 행동을 인간에게 하는 일도 있습니다. 아프리카에서 고릴라 투어를 하던 중에 그런 일이 있었습니다. 고릴라가 다가와서 인간인 투어 가이드에게 인사를 하려 했던 것입

싸움의 중재

얼굴을 응시한다

그림 13 어린 수컷에 의한 실버백 간 싸움의 중재

니다. 처음에는 가만히 가이드의 얼굴을 보고 있었지만, 좀처럼 가이드가 자신 쪽을 보지 않으니, 옷을 잡아당겨서 바라보게 하려고 했습니다. 그래도 안 되니까 자신이 가이드의 정면 쪽으로 가서, 얼굴과 얼굴을 마주하려고 했습니다. 냄새를 맡으려고 온 것이 아닙니다. 고릴라의 후각은 인간과 크게 다르지 않습니다. 얼굴과 얼굴을 맞대는 행위가 중요한 것입니다. 나도 몇 번인가 비슷하게, 고릴라가 얼굴을 쳐다보는 일이 있었습니다. 인사를 하거나 놀자고 하는 의미였던 듯합니다.

들여다보는 행동이 싸움의 중재에 쓰이는 일도 있습니다(그림 13). 몸이 크고 등이 흰 수컷을 실버백(silverback)이라고 하는데, 실버백 두 마리가 대립했을 때, 아직 등이 검은 어린 수컷이 스르르 사이로 들어왔습니다. 그러고는 양쪽 실버백에게 얼굴을 가까이 대고 바라보는 것이었습니다. 아마 얼굴을 가까이함으로써 상대와 일체화하고, 상대를 컨트롤하려던 것이겠지요. 놀랍게도 실버백은 충돌을 멈추고 자리를 떠났습니다.

그림 14 인간의 대면 커뮤니케이션

일본으로 돌아온 후, 몽키센터[2]에서 근무를 시작하여, 그 안의 동물원에서 침팬지를 보았더니 고릴라와 똑같은 행동을 하는 것입니다. 얼굴과 얼굴을 마주하고 인사를 합니다. 이때는 일본원숭이처럼 그리메이스를 하거나 상대에게 알랑대는 행동은 하지 않습니다. 고릴라와 침팬지는 사회구조는 다르지만, 인사하는 방식은 같지 않을까 싶었습니다. 대면 관계는 다양한 의미가 있으며, 고릴라뿐 아니라 유인원에게 공통되는 커뮤니케이션 방식일지도 모른다는 생각이 들었습니다. 그런 시각으로 인간을 보았더니, 인간도 같은 행동을 하고 있음을 깨달았습니다. 인간도 상대방과 가까운 거리에서 가만히 서로를 쳐다봅니다. 그것은 위협이 아닌 다양한 관계에 나타납니다.

다만 인간은 서로 마주할 때 고릴라나 침팬지보다 거리를 둡니다. 이를테면 인간은 테이블을 사이에 두고 서로 마주합니다(그림 14). 그렇게 거리를 두면, 긴 시간 동안 대면할 수 있습니다. 식사를 하거나 이야기를 할 때 이러한 상황이 자주 발생합니다. 어째서 이렇게 마주하지 않으면 안 되는가. 게다가 거리를 두지 않으면 안 되는가.

식사를 하는 이유가 영양 보충뿐이라면 마주 볼 필요는 없습니다. 뒤를 향하고 있어도 상관없을 것입니다. 마주 보는 것은 대화하기 위해서라고 말하는 사람이 있을지도 모르지만, 음성으로 상대에게 정보를 전하

---

2 아이치 현에 위치한 원숭이류 전문 동물원.

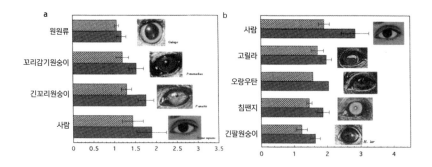

그림 15 눈은 입만큼 많은 것을 말한다(Kobayashi & Koshima, 2001)
상단은 안열의 가로세로 비율, 하단은 눈 안의 공막의 비율을 나타낸다.

는 것이 대화의 목적이라면 굳이 마주 볼 필요는 없을 것입니다. 뒤를 맞대고 서로 목소리를 내어도 됩니다.

이상하지요. 잘 생각해 보니, 식사도 그렇고 대화도 그렇고 마주 보기가 상식이 된 까닭은 상대의 얼굴을 본다는 점이 중요한 것이 아닌가 싶었습니다. 특히 중요한 것은 눈입니다(그림 15). 교토 대학의 야생동물 연구센터장 고시마 시로(幸島司郎) 선생과 공동연구자인 고바야시 히로미(小林洋美) 선생이 원숭이, 유인원, 인간의 눈을 비교하여, 재미있는 사실을 발견하였습니다. 인간의 눈에만 흰자가 있고 눈이 가로로 길게 찢어져 있습니다. 가로로 긴 것은 지상 생활에서 시야를 넓히기 위해서이겠지요. 하지만 왜 흰자가 필요한가. 이것은 잘 모릅니다. 그러나 흰자가 있으면 시선의 방향을 알 수 있고, 그 미세한 움직임에서 상대의 기분을 감지할 수 있습니다. 아마도 마주 보고 말을 나누는 것뿐만이 아니라, 상대방의 눈을 봄으로써 상대가 자신을 어떻게 평가하는지, 상대의 기분은 어떤지 모니터하는 것이라고 생각합니다. 그것이 사실은 커뮤니케이션을 하는 데 있어서 매우 중요한 것이 아닐까요. 상대방 눈의 움직임을 확실히 파악하기 위해서는 너무 가까이 다가가면 안 됩니다. 테이블을 사이에 두는 정도의 거리가 가장 모니터하기 쉽다는 말이겠지요.

8 _____ 성의 소유와 규범

한 가지 더 중요한 문제가 있습니다. 바로 성입니다. 음식과 달리 성은 동성끼리의 경쟁 관계만으로는 해결되지 않습니다. 즉, 이성의 상대에게 선택받지 않으면 안 된다는 문제가 더해집니다. 이를 어떻게 규칙화했을까요.

영장류의 성의 특징은 인간과 매우 다릅니다(그림 16). 발정이라는 생리현상이 있습니다. 인간은 발정과 비발정의 구분이 명확하지 않고, 계속 발정해 있다고도, 계속 발정하지 않았다고도 말할 수 있을 것입니다. 그러나 영장류는 모두 암컷이 발정하는 기간이 정해져 있어서, 발정하지 않았을 때는 기본적으로 암컷은 수컷을 받아들이지 않습니다. 이는 배란과 관계가 있고, 배란 시기에 맞추어 주기적으로 발정합니다.

그리고 성의 상대는 음식과 다르게 소비재가 아닙니다. 상대는 없어지지 않습니다. 그러므로 상대의 기분을 자기에게 향하게 하지 않으면 안 됩니다. 지속적인 선택과 지속적인 관계가 필요해지는 것입니다. 성의 상대는 분할도 운반도 되지 않습니다. 팔다리를 마구 잡아 찢어서 "자, 이건 네 거, 이건 내 거."라고 말할 수도 없고, 교환도 되지 않습니다.

그림 16 일본원숭이의 교미

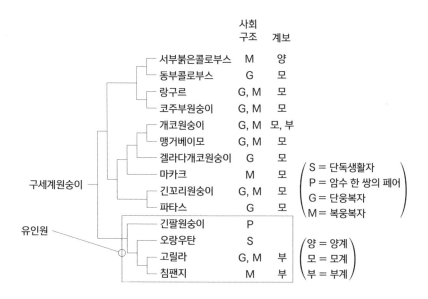

	사회 구조	계보
서부붉은콜로부스	M	양
동부콜로부스	G	모
랑구르	G, M	모
코주부원숭이	G, M	모
개코원숭이	G, M	모, 부
맹거베이모	G, M	모
겔라다개코원숭이	G	모
마카크	M	모
긴꼬리원숭이	G, M	모
파타스	G	모
긴팔원숭이	P	
오랑우탄	S	
고릴라	G, M	부
침팬지	M	부

구세계원숭이

유인원

(S = 단독생활자
P = 암수 한 쌍의 페어
G = 단웅복자
M = 복웅복자)

(양 = 양계
모 = 모계
부 = 부계)

그림 17 협비원류 사회의 사회구조와 계보

그리고 동성 사이에서만 해결할 수도 없습니다. 수컷끼리 "내가 너보다 강하니까 내놔!" 하고 우선권을 정해도, 암컷이 "나는 싫어!" 하고 거부하면 교미는 불가능합니다. 원숭이 사회에서는 아무리 큰 수컷이라도 암컷과 강제적으로 교미를 할 수는 없습니다.

인간 이외의 영장류에서는 선택하는 암컷, 선택받는 수컷이라는 패턴으로 교미가 일어납니다. 수컷 쪽이 화려하고, 그 수컷들 가운데에서 암컷이 고르는 형태가 됩니다. 수컷이 집단 사이를 떠돌아다니는 모계사회와 암컷이 집단 사이를 떠돌아다니는 비모계사회라는 차이는 있지만, 선택하는 암컷, 선택받는 수컷이라는 패턴은 대체로 기본으로 정해져 있습니다.

다만 암컷이 집단 사이를 떠돌아다니는 분류군 쪽이 더욱 다양한 사회를 만듭니다. 모계사회의 긴꼬리원숭이, 즉 일본원숭이나 개코원숭이

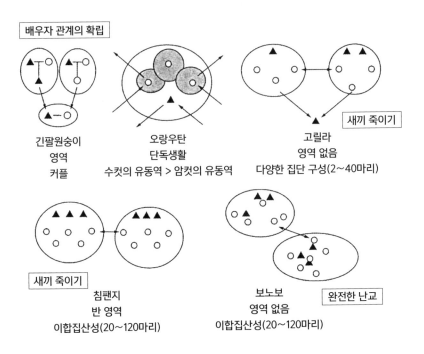

배우자 관계의 확립

긴팔원숭이
영역
커플

오랑우탄
단독생활
수컷의 유동역 > 암컷의 유동역

고릴라
영역 없음
다양한 집단 구성(2~40마리)

새끼 죽이기

새끼 죽이기

침팬지
반 영역
이합집산성(20~120마리)

보노보
영역 없음
이합집산성(20~120마리)

완전한 난교

그림 18 유인원의 사회구조
화살표는 개체의 이동을 나타냄.

는 대개 여러 마리의 암컷이 한 마리 혹은 여러 마리의 수컷과 맺어져 무리를 만듭니다(그림 17). 그러나 비모계의 사람과(科) 유인원은 그 외에 단독 생활(solitary)을 하는 오랑우탄도 있고 짝을 이루는 긴팔원숭이도 있습니다(그림 18). 다시 말해 암컷에 의한 수컷의 선택 방법과 이동에 의해 다양한 사회구조가 생겨났다고 생각할 수 있습니다.

긴팔원숭이는 커플이 영역을 만들어서, 다른 커플이 간섭하지 않는 안정된 배우자 관계를 만듭니다. 보노보는 수컷도 암컷을 독점하지 않고 암컷도 수컷을 독점하지 않는, 완전한 난교사회를 만듭니다. 이 두 가지 사회는 실은 유인원 사회 중에서는 양극단이라고 생각합니다. 고릴라와 침팬지는 그 중간의 사회를 만듭니다. 즉, 완전한 배우자 관계도 난교

관계도 만들 수 없는, 소유 관계가 모호한 사회입니다. 침팬지는 난교적이지만, 강한 수컷이 암컷을 독점하여 교미하는 일도 있습니다. 고릴라는 한 마리의 수컷이 여러 마리의 암컷을 독점하여 단웅복자(單雄複雌)의 무리를 만들지만, 암컷의 수는 가변적이고 수컷이 여러 마리 공존하는 경우도 있습니다.

흥미롭게도 이러한 중간의 사회에서는 새끼 죽이기가 발생합니다. 새끼 죽이기란 수컷이 자신과 혈연관계가 없는 젖먹이 새끼를 죽여, 그 어미를 발정시켜서는 자신의 자식을 남기려 하는 행동이라고 해석됩니다. 그러한 행동이 일어나게 됩니다.

배우자 관계가 확립되었다면 새끼 죽이기를 할 필요가 없고, 난교라면 새끼 죽이기를 해도 효과가 없습니다. 고릴라와 침팬지 사회에서는 새끼 죽이기를 함으로써, 수컷에게 어느 정도 번식상의 메리트가 생기는 것이지요.

이는 인간 사회를 생각하는 데에도 매우 중요한 문제라고 생각합니다. 성의 소유라는 문제입니다. 비모계적인 유인원의 사회구조는 긴팔원숭이처럼 배우자 관계가 확립된 사회와 완전한 난교의 보노보 사회를 양극단으로 하여, 종 사이에 변이가 있습니다. 그리고 암컷의 발정과 이동이 수컷의 무리 짓는 방식에 큰 영향을 줍니다.

유인원의 사회에서는 암컷이 수컷 간의 다툼을 중재합니다. 힘이 센 수컷끼리 세력 다툼을 하고 있을 때, 암컷이 사이에 들어와 싸움을 중지시킵니다. 왜 암컷이 그렇게 적극적인 태도로 나오는가 하면, 수컷끼리 싸움을 하면 곤란하기 때문입니다. 무리의 질서가 흐트러져 자신과 아이가 불이익을 당하게 됩니다. 커뮤니티의 질서와 안정성이 암컷의 관심사가 되는 것입니다.

그림 19 침팬지 성피의 종창

유인원의 비모계사회에서는, 암컷에게는 자신을 무조건적으로 보호해주는 혈연자가 없습니다. 자신이 선택해서 참여한 커뮤니티 안에서, 의지할 수 있는 동료를 스스로 만들어 나가지 않으면 안 됩니다. 그렇게 되면 커뮤니티 전체를 살피며, 자신의 입장만이 아니라 커뮤니티 전체의 안정성에 배려를 할 필요가 생깁니다. 이는 원숭이와는 다르고, 인간에 이어지는 부분이라 생각합니다.

암컷이 무리를 떠돌아다닐 때 통행권이 되는 것은 성피의 종창입니다(그림 19). 암컷이 배란 전에 발정을 하면, 성피 부분이 크게 부풀어 오릅니다. 핑크색으로 부어서 매우 두드러집니다. 붓는 방식은 종에 따라 다릅니다. 유인원 중에 발정하면 엉덩이가 크게 붓는 종은 침팬지뿐입니다.

영장류의 계통수 상에서 성피의 종창, 사회구조, 발정의 계절성이라는 세 가지 특징이 나타나는 방식을 비교해 보면, 재미있는 사실을 알게 됩니다(그림 20). 침팬지처럼 암컷이 엉덩이를 부풀리는 특징을 가진 종은 반드시 여러 마리의 수컷이 무리 안에 공존하는 사회를 만듭니다. 즉, 성피가 부으면 여러 마리의 수컷이 떼 지어 다가오기 때문에 한 마리의 수컷이 독점적으로 그 암컷을 가두는 일은 불가능하게 된다는 점입니다. 또 긴팔원숭이처럼 단혼(單婚)의 사회, 수컷과 암컷이 한 마리씩 짝을 지어 그 상대하고만 교미를 하는 사회에서는 기본적으로 암컷이 엉덩이를 부풀리는 일은 없습니다. 단혼형은 발정 사인(sign)이 있는 종에서는 생기지 않는다는 것입니다. 즉, 인류가 단혼형이라고 하면, 발정 사인이 없는

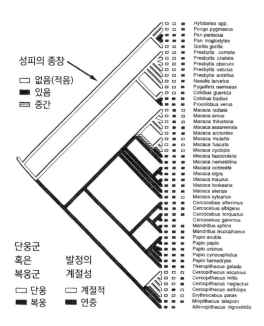

성피의 종창

□ 없음(적음)
■ 있음
▤ 중간

단웅군
혹은
복웅군

□ 단웅
■ 복웅

발정의
계절성

□ 계절적
■ 연중

Hylobates spp.
Pongo pygmaeus
Pan paniscus
Pan troglodytes
Gorilla gorilla
Presbytis comata
Presbytis cristata
Presbytis obscura
Presbytis vetulus
Presbytis entellus
Nasalis larvatus
Pygathrix nemaeus
Colobus guereza
Colobus badius
Procolobus verus
Macaca radiata
Macaca sinica
Macaca thibetana
Macaca assamensis
Macaca arctoides
Macaca mulatta
Macaca fuscata
Macaca cyclopis
Macaca fascicularis
Macaca nemestrina
Macaca ochreata
Macaca nigra
Macaca maurus
Macaca tonkeana
Macaca silenus
Macaca sylvanus
Cercocebus atterimus
Cercocebus albigena
Cercocebus torquatus
Cercocebus galeritus
Mandrillus sphinx
Mandrillus leucophaeus
Papio anubis
Papio papio
Papio ursinus
Papio cynocephalus
Papio hamadryas
Theropithecus gelada
Cercopithecus ascanius
Cercopithecus mitis
Cercopithecus neglectus
Cercopithecus aethiops
Erythrocebus patas
Miopithecus talapoin
Allenopithecus nigroviridis

그림 20 영장류의 발정 패턴과 사회구조는 성의 갈등의 해결법을 반영하고 있다

상태에서 사회가 형성된 것으로 추측할 수 있습니다.

사람과 유인원의 계통수에서는 오랑우탄, 고릴라, 호모, 침팬지의 순으로 분화하는 것이 성의 특징으로서는 옳습니다(그림 21). 침팬지만 성피를 부풀리는 특징이 있기 때문입니다. 아마 유인원의 조상은 성피가 부풀지 않거나 아주 조금 붓는 성질을 가지고 있었을 것입니다. 오랑우탄과 인간에서는 완전히 사라지고, 고릴라에서는 젊은 암컷만 조금 붓는다는 성질을 가지고 있기 때문입니다. 그 특징을 반영하여 오랑우탄은 단독생활, 인간은 커플, 고릴라는 단웅복자, 침팬지는 난교형의 복웅복자의 무리를 발달시켰습니다.

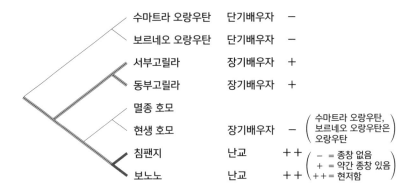

그림 21 교미양식과 성피의 종창

9 _____ 인간의 가족과 커뮤니티

인류 사회의 특징은 사회의 기본단위로서 어떤 문화에도 가족이 있다는 점입니다. 남자도 여자도 집단 간을 오갑니다. 다른 영장류처럼 한 번 나가면 돌아오지 않는 것이 아니고, 나갔다 들어왔다 합니다. 그리고 결혼이 가족을 연결해서 복수의 가족을 포함한 공동체, 커뮤니티가 있습니다. 이것이 인간 사회의 특징입니다.

중요한 것은 공동체, 가족이라는 서로 다른 논리의 조직이 양립하고 있다는 사실입니다. 집단의 논리는 구성원의 사이가 틀어지지 않도록 하는 규칙이 필요합니다. 원숭이는 서로의 우열관계를 인지하여 공존하고, 유인원은 호혜성을 중시하여 음식을 분배하거나 싸움이 일어나면 제삼자가 중재를 합니다. 그러나 가족은 그러한 관계가 아니고, 대가를 구하지 않고 봉사하는 조직입니다. 자신의 혈연이기 때문에, 혈연을 위해서는 자신의 희생을 꺼리지 않는 면이 있습니다.

동물은 이 두 가지를 조합할 수 없습니다. 어느 한쪽밖에 없습니다. 고릴라는 어느 쪽인가 하면 가족적인 집단을, 침팬지는 공동체적인 집단을 만듭니다. 인간은 이 두 가지를 조합하여 사회를 만들었습니다. 음식과 성이 역전하는 현상이 필요해진 이유가 여기에 숨겨져 있다고 생각합니다. 음식의 분배를 광범위하게 행하여 공동체 안에서는 호혜성을 규칙화하고, 가족 안에 성을 가두어 번식의 평등을 꾀했던 것입니다. 그리고 이 둘을 양립시키기 위해서는 높은 공감력과 처벌을 동반한 규범이 필요해졌습니다.

인간이 가진 보편적인 사회성은 세 가지가 있다고 봅니다. 향사회성, 호혜성, 반영속적 귀속성입니다. 향사회성은 상대의 입장이 되어, 상대를 위해 무엇인가 하고 싶다는 마음입니다. 호혜성은 상대와 대등하고 싶다는 마음입니다. 상대가 무언가를 해주면, 무엇인가 보답을 하려고 합니다. 그리고 귀속성은 어떤 집단에 소속되고 싶다는 마음으로, 원숭이에게도 있지만, 인간에게는 집단을 떠나서도 지속됩니다.

원숭이는 자신의 이익을 최대화하기 위해 무리를 만들었다고 해도 좋습니다. 그 이익은 무엇인가 하면, 음식과 안전성입니다. 동료와 함께 있는 편이 맛있는 음식을 안전하게 먹을 수 있기 때문에 무리를 만든 것입니다. 무리 안에서 개체들은 비호혜적이고, 우열관계 속에서 공존합니다. 열위의 원숭이여도 무리를 떠나지 않는 이유는 우위의 원숭이가 음식을 독점하더라도, 그다지 불이익을 당하지 않거나 안전하기 때문입니다. 어미와 젖먹이 새끼, 유아 사이에는 향사회적인 관계가 생길지도 모릅니다. 그러나 어른이 되면, 혈연관계가 있어도 일방적으로 봉사하는 일은 사라집니다. 또 원숭이는 일단 무리를 떠나면, 이전의 무리에 대한 귀속의식을 전혀 가지지 않습니다. 이전의 무리로 돌아가는 일도 거의 없습니

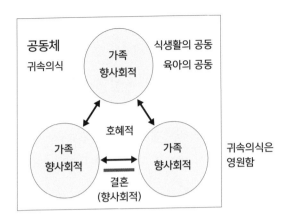

그림 22 인간이 만든 사회

다. 이는 고릴라, 침팬지 등의 유인원에서도 마찬가지입니다.

　그러므로 인간은 영장류로서는 굉장히 이상한 사회를 만든 것입니다. 향사회적인 가족을 식생활을 공동으로 하여 결합하고, 호혜성을 기반으로 한 공동체를 조직하였습니다(그림 22). 그리고 이 공동체에 반영속적으로 귀속의식을 갖는 관계를 맺게 되었습니다. 공동체는 출입이 가능합니다. 밖으로 나가는 일도, 되돌아오는 일도 가능합니다. 밖으로 나가더라도, 인간은 이방인이 되지 않고 귀속의식을 영원히 가져서 원래의 공동체와 새롭게 가입한 공동체를 연결합니다. 결혼이 두 가족을 결합하여, 두 개의 공동체를 연계시키는 결과를 만들어 냅니다.

10 ____ 생활사와 가족의 진화

　인류의 조상은 먼저 아프리카에서 진화하여, 호모 에렉투스 단계에서 아시아 및 유럽으로 진출하고, 마지막으로 호모 사피엔스가 된 후 다시 아프리카에서 전 세계로 퍼졌다는 사실이 화석 증거로 밝혀졌습니다. 몇 가지 중요한 특징이 그 시기마다 나타났는데, 그 가운데에서 중요한 것은 인간의 생활사의 변화입니다. 생활사라는 것은 간단하게 말하면, 인간의 일생을 통한 성장과 번식의 스케줄입니다.

현대인의 생활사의 특징을 유인원과 비교해 보면, 인간의 특이성을 잘 알 수 있습니다. 먼저 인간의 아기는 참 크지요. 3kg 정도 됩니다. 고릴라는 어른이 되면 암컷은 100kg, 수컷은 200kg을 넘을 만큼 몸이 커지는데, 태어났을 때는 1.8kg입니다. 아주 작습니다. 그리고 고릴라의 아기는 얌전하지만, 인간의 아기는 잘 웁니다. 그러나 고릴라의 아기는 3년 동안 젖을 먹는데, 인간의 아기는 1살쯤에 젖을 뗍니다. 무거운 체중에 젖떼기가 빠르다는 말은 성장해서 태어나는 것이라고 보통 생각하지만, 인간의 성장은 매우 느립니다. 인간의 아기는 다른 영장류에 비해, 태어날 때의 체중은 무겁고 젖을 뗄 때의 체중은 가볍다는 특징이 있습니다. 어째서 이러한 이상한 특징으로 진화한 것일까요?

유인원도 인간도 유아기, 소년기, 성년기, 노년기라는 시기를 일생 동안에 경험합니다(그림 23). 유아기는 젖을 먹는 시기, 소년기는 젖을 떼고 어른과 같은 음식을 먹을 수 있는 시기, 성년기는 번식하는 시기, 노년기는 번식에서 은퇴하는 시기입니다. 그러나 각각의 종에 따라 그 기간이 다릅니다. 오랑우탄의 유아기는 7년이나 되고, 고릴라도 침팬지도 각각 3년, 4년으로 상당히 깁니다. 인간만 1, 2년 만에 젖먹이기를 멈춥니다. 단, 곧바로 소년기로 이행할 수는 없습니다. 6세까지는 작고 연약한 유치를 가지고 있으므로 어른과 같은 음식을 먹을 수 없습니다. 그래서 아동기가 있습니다. 이 기간에는 특별한 음식을 주지 않으면 안 됩니다. 지금은

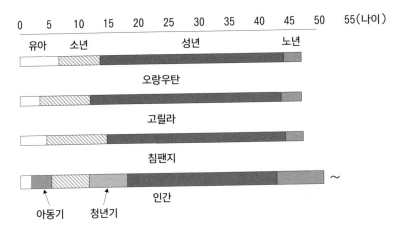

그림 23 유인원과 인간의 생활사

인공적인 이유식이 많이 있지만, 농경이나 목축을 하기 전에는 일부러 아이가 먹을 수 있는 음식을 찾아서 옮겨오지 않으면 안 되었을 터입니다. 어째서 그러한 수고를 들이면서까지 빨리 젖을 떼게 했을까요?

한 가지 더, 인간에게는 번식능력이 생겨도 번식할 수 없는, 번식하지 않는 시기가 있습니다. 이를 청년기라고 부릅니다. 이러한 두 가지의 특별한 시기가 끼어 있습니다. 그리고 노년기가 깁니다. 이처럼 유인원에게는 없는 세 가지의 특징이 있습니다.

왜 인간의 아기는 유치를 가지고 있는 상태에서 젖을 떼는가 하면, 이는 아마도 임신 가능한 시기를 앞당기기 위해서일 것입니다. 인간은 진화의 초기 시대, 삼림을 떠나 초원으로 진출했을 때 육식 동물에게 습격당했을 것입니다. 그래서 유아 사망률이 현저히 높아졌을 것이고, 그 때문에 다산을 하여 아이의 숫자를 보충할 필요에 몰렸습니다. 대체로 사냥되는 동물은 다산이지요. 한 번에 많은 아이를 낳든지, 여러 번 아이를 낳든지, 두 가지 방법이 있습니다. 인간은 후자의 길을 선택했습니다. 그 때문에 일찌감치 아기를 젖으로부터 떼어내 젖먹이기를 멈추었습니다. 그렇게 하면 프로락틴(prolactin)이라는 젖 생성을 촉진하는 호르몬이 멈추어, 배란이 회복되고 다음 출산을 위한 준비가 이루어집니다. 그러한 일이 일어났던 것이지요.

인류 진화의 가장 처음 등장했던 인간다운 특징은 직립이족보행입니다. 그리고 500만 년이나 지난 후에 뇌가 커지기 시작했습니다. 그때 인간은 이미 직립이족보행을 완성시킨 상태였기 때문에, 머리가 큰 아이를 낳을 수 없었습니다. 이족보행을 하기 쉽도록 골반이 접시 모양으로 변형되어, 산도를 넓힐 수 없게 되었습니다. 그러므로 머리가 작은 아이를 낳고, 낳은 후에 뇌를 급속히 발달시킬 필요가 생긴 것입니다.

인간 아기의 체중이 무거운 이유는 이처럼 급속하게 발달하는 뇌를 지키기 위해서입니다. 이 시기에 아이의 뇌는 섭취 에너지의 45~80%를 소비합니다. 영양의 공급이 정체되면 안 되므로, 많은 지방을 미리 비축한 채 인간의 아기는 태어나는 것입니다. 인간의 아기가 무거운 이유는 높은 지방율 때문입니다. 인간 아이의 성장이 느린 것은 뇌를 먼저 성장시키기 위해서 신체의 성장을 늦추기 때문입니다.

그렇게 하면 12~16세에 뇌의 성장이 멈출 무렵, 에너지를 신체의 성장으로 돌릴 수 있게 되어 신체의 성장이 빨라집니다. 이를 사춘기 스퍼트라고 합니다(그림 24). 남자아이에게도 여자아이에게도 있습니다. 이 시기는 몸과 마음의 성장 균형이 무너져 불안정합니다. 이때는 뇌의 성장을 신체가 따라잡는 시기로, 번식력을 빠르게 갖추는 시기이자 학습을 통해 사회적 능력을 습득하지 않으면 안 되는 기간이기도 합니다.

유인원과 달리 인간은 아동기와 청년기라는 특이한 시기가 있습니다. 이 시기를 누군가가 뒷받침해주지 않으면 안 됩니다. 아마도 부모 이

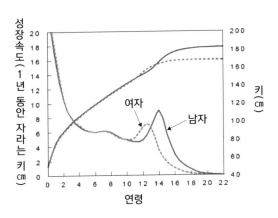

그림 24 인간의 사춘기 스퍼트(Bogin, 2009)

외의 어른들이 모두 함께 뒷받침하여 공동 보육을 하는 형태가 되었을 것입니다. 그것이 가족과 공동체라는 중층구조의 사회를 만든 배경이라고 생각합니다.

초기 인류는 기후의 변동에 따라 삼림이 축소되어, 초원으로 떠나야 했습니다. 그로 인해 직립이족보행을 시작으로 몇 가지의 형태적인 혹은 생리상의 변화가 요구되었습니다(그림 25). 그리고 집단을 크게 만들어 뇌를 증대시킨 결과로서, 집단에서 공동 보육을 하지 않으면 안 되는 상황이 되어 가족이 탄생하였습니다. 그러므로 가족은 뇌가 커지기 시작한 200만 년 전 이후에 등장했을 것으로 추정됩니다.

당시에 아직 말을 하지 않던 인간은 음악적인 능력을 키웠을 것입니다. 음악은 아마도 육아를 통해 발생했을 것이라고 생각합니다. 인간의 엄마는 아기를 어딘가에 두거나, 타인의 손에 맡기기 때문입니다. 그래서 인간의 아기는 큰 소리로 웁니다. 우는 행동은 자기주장입니다. 고릴라의 아기는 계속 어미의 품 안에 있으므로 울 필요가 없습니다. 어른들은 울

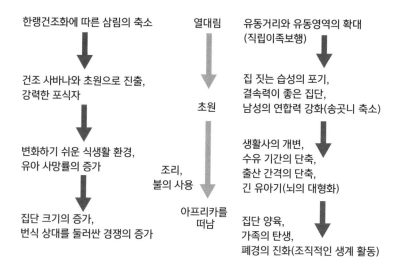

한랭건조화에 따른 삼림의 축소	열대림	유동거리와 유동영역의 확대 (직립이족보행)

건조 사바나와 초원으로 진출, 강력한 포식자

집 짓는 습성의 포기, 결속력이 좋은 집단, 남성의 연합력 강화(송곳니 축소)

초원

변화하기 쉬운 식생활 환경, 유아 사망률의 증가

생활사의 개변, 수유 기간의 단축, 출산 간격의 단축, 긴 유아기(뇌의 대형화)

조리, 불의 사용

집단 크기의 증가, 번식 상대를 둘러싼 경쟁의 증가

아프리카를 떠남

집단 양육, 가족의 탄생, 폐경의 진화(조직적인 생계 활동)

그림 25 초기 인류가 직면했던 문제(좌)와 인류가 취한 해결책(우)의 추이

고 있는 아기의 울음을 그치게 하려면 무엇인가를 해야 했을 것입니다. 아기는 말을 못하기 때문에, 언어가 등장한 오늘날에도 말의 의미를 모릅니다. 그러므로 말을 거는 듯한 음악적인 톤에 의해 아기는 안도감을 느끼게 되는 것입니다. 엄마에게 안겨 있는 것처럼 안심시키기 위한 수단으로서, 음악이라는 것이 발달하게 된 것은 아닐까요.

그리고 그 음악이 음식의 분배와 마찬가지로, 어른이 아이에게 주던 것이 어른 사이에도 널리 퍼지게 되었습니다. 그 결과, 아기와 엄마 사이에서 나타나는 것과 같은 감정의 일체화가 촉진되어 공감력을 높일 수 있었을 것입니다.

언어 이전의 커뮤니케이션의 진화 과정으로서, 먼저 음악적인 커뮤니케이션으로 동조가 상화됩니다(그림 26). 그다음은 위험한 니치(생활 장소)에 인간이 오랫동안 살게 됨으로써, 상대와 자신이 같은 마음을 품는다는 것이 매우 큰 생존가(生存價)를 가지게 됩니다. 그것이 마음의 이론

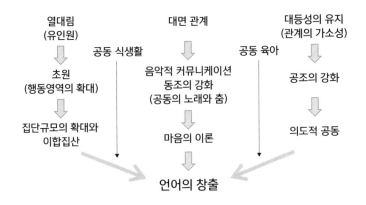

그림 26 언어 이전의 커뮤니케이션의 발달 과정

(상대가 생각하는 마음을 갖는다는 것을 인지하는 능력)과 의도적인 공동(共同)을 만들어 내어, 마침내 언어라는 것이 성립하게 된 것은 아닐까요. 그러므로 인간의 사회성에 이르는 길은 아마도 공동 육아가 큰 출발점이자 추진력이 되었을 것이라고 생각합니다.

11 _____ 인간 사회의 윤리와 규범

공동 보육의 확대는 여러 가족이 공동체를 만들도록 촉진하여, 성을 공개하는 것이 아니라 숨길 필요가 생겼습니다. 여러 명의 동성과 이성이 혼재하는 공동체에서, 성을 공개해서는 가족이라는 형태를 유지할 수 없기 때문입니다. 그래서 성을 가족 안에 가두어, 성의 평등성을 보장한 것으로 보입니다. 근친상간, 불륜의 금지와 같은 성의 윤리와 규범이 필요해졌을 것입니다.

본래 성의 상대라는 것은 소유도 양도도 불가능합니다. 그러나 가족이라는 조직을 공동체와 양립시키기 위해서는, 파트너의 소유를 보장해주는 사회적 이해가 필요합니다. 그러나 그것은 음식의 소유, 식생활의 규칙과 같이 간단한 문제가 아닙니다. 따라서 그 소유를 보장하는 집단이라는 정체성이 필요해졌습니다. 성에 대한 규범은 집단에의 소속의식과 매우 밀접한 관련이 있습니다.

음식과 성의 규칙을 명확히 함으로써, 인간 이외의 사회와 집단의 윤곽이 보이게 되었다고 생각합니다. 그것이 인간에게는 규범으로써 성립합니다. 즉, 음식의 소유, 성의 소유를 둘러싼 개체 간의 갈등을 완화하려는 움직임이, 공존을 위한 규칙이 되어 개체에 행동수정을 재촉했습니다. 인간은 그 자연스러운 진화의 흐름을 위험한 니치 속에서 가속하여, 새로운 커뮤니케이션의 창조에 의해 변화시켜 왔습니다. 그리고 다시 한 번 언어의 발명에 의해 정보화의 정도를 강화하여, 소문이나 평판을 통해 규범을 보다 가시화해 갔습니다. 현상이나 사건을 누구나 공유할 수 있는 정보로 바꾸어 옮김으로써, 규범에서 일탈한 사람을 처벌할 수 있게 되었습니다.

도덕은 위에서 억지로 시키는 것이 아니라, 즉 권위자로부터 강요되는 것이 아니라 커뮤니티에서 아래에서부터의 평가의식에 의해 생겨나는 것이라고 생각합니다. 공감사회에서 윤리사회로의 분기점은 아마도 언어의 등장이었을 것입니다. 음식 분배의 확대와 육식이라는 식생활의 혁명이 발단이 되어, 뇌의 대형화로부터 가족을 조직함에 이르고, 공동 보육을 통해 공동체를 만들고, 그 공동체를 유지하는 수단으로 음악적인 커뮤니케이션이 등장하고, 그리고 그것이 언어로 발달해 가는 과정에서, 벌칙을 동반하는 윤리라는 새로운 규범이 인간 사회에 생긴 것이 아닌가 싶습니다.

마지막으로, 이 이야기는 꼭 하고 싶습니다. 도덕성은 이러한 신체의 진화의 역사에 뒷받침되고 있기 때문에, 사실은 아직 진화하는 과정에 있습니다. 인간은 공동체와 가족의 중층구조를 만들어, 가족의 논리 위에 공동체의 논리를 올려 족벌주의를 억제하였습니다. 즉, 공감사회는 개인 욕망의 억제에 의해 성립되었습니다. 그리고 음악적인 커뮤니케이션을 통해 정감의 공유를 높여 결속력이 강한 사회를 만든 것입니다.

그러나 아직까지도 도덕성은 공동체 내부로 한정되어 있습니다. 그래서 공감력이 강한 협력적인 사회일수록 집단 간의 다툼은 격해집니다. 이는 모순이라 할 수 있을 것입니다. 이 문제를 어떻게 해결할 수 있을까요? 이는 바로 마음의 문제로서 '앞으로 인간 사회가 어떻게 변할 수 있을까'라는 큰 과제일지도 모르겠습니다.

닫음과 엶의 역설

-교토마음회의의 토론에서

가와이 도시오

이번 심포지엄 당일에는 '마음과 역사성'을 주제로 한 다섯 강연과 발표자들의 전체 토론이 있었다. 여기서는 그 내용을 그대로 재현하지는 않고, 거론되었던 내용 가운데에서 중요한 포인트를 몇 가지 소개하여, 이번 교토마음회의의 내용을 심화함과 동시에, 앞으로의 발전 가능성을 찾아보고자 한다. 발언자의 이름은 가능한 한 넣으려 했지만, 내용의 복잡함과 번잡함으로 인해 생략한 곳도 있다. 어디까지나 엮은이가 정리한 내용이라는 점을 너그러이 이해해주기를 바란다.

1 _____ 마음의 고층과 애니미즘

야마기와 선생의 강연에서 인간뿐만 아니라 유인원에게까지 이어지는 마음이 거론된 것과 관련하여, 가와이 선생이 말한 역사상의 과거의 것이 아닌 지금도 작용하고 있는 '마음의 고층(古層)'은 얼마나 오래된 것을 상정한 것인가에 대해 논의하였다.

'열린 시스템으로서의 마음'에서 발생하는 혼의 상실과 빙의를 염두에 두고 있던 가와이 선생은 샤머니즘을 마음의 고층으로 꼽았지만, 나카자와 선생은 샤머니즘보다는 애니미즘이 그에 적합한 듯하다고 지적하였다. 애니미즘이란 인간과 '물질' 사이의 깊은 연결, 혹은 인간과 '물질' 사이에 존재하는 대칭성을 말하는 것이고(나카자와 신이치 『대칭성 인류학』), 그 연결이나 대칭성을 느끼고 인식하는 능력을 가리킨다.

일본인은 현재까지도 이 능력이 강하게 남아 있는 것은 아닌가 하고 나카자와 선생이 물었다. 이를테면 전철에 눈이 그려져 있고, '문에 손이 끼이지 않게 조심하세요' 하고 전철이 말을 건넨다. 이른바 '유루캬라(ゆるキャラ)'인 구마몬, 후낫시[1] 등에서도 애니미즘 감각이 엿보인다. 후낫시는 과일인 배인데, 말을 걸어오기도 하고 빈정거리기도 하는 것이다.

그에 이어 의장인 가마타 도지(鎌田東二, 교토 대학 마음의 미래연구센터·종교철학, 심포지엄의 전체총괄 담당)는, 일본에서 제2차 세계대전 후 처음으로 히트한 '사과의 노래'라는 곡이 있는데, 유럽인들에게는 이해할 수 없고, 폭소를 자아낼 만한 가사라고 지적하였다. "사과는 아무 말도 하지 않지만/ 사과의 마음은 알 수 있어"라는 가사는 애니미즘적인 세계를 표

---

1 지바 현 후나바시 시의 마스코트 캐릭터로 '배의 요정'이라는 설정이다.

현하고 있다. 사과에게 인사를 하면 사과는 "아무 말 없이 고개를 갸웃하고는/ 내일 또 만나 하는 듯한 꿈꾸는 얼굴" 하고 답하기도 하는 것이다.

애니미즘을 좀 더 원시적으로 표현하면 '나는 앵무새였다'라든지 '나의 조상은 개였다'와 같은 것이 된다. 애니미즘은 종종 이류혼(異類婚) 등의 형태로 신화에 표현되기도 한다. 동식물과 인간은 깊게 연결되어 있다는 의식이 점차 확장되어 애니미즘이 되는 것이다(나카자와).

그와 같은 동식물 및 '물질'과의 깊은 연결은 마음의 아주 오래된 층에 속하는 것이지만, 일본인에게는 그것이 유루캬라나 유행가 등 문화의 표면적 현상으로까지 나타나 있다는 점이 특징이고, 이는 일본어나 일본문화를 단서로 하여 '마음'의 풍요로움을 생각해 나갈 때 큰 힌트가 되리라 생각한다. 이는 구마가이 세이지(熊谷誠慈, 교토 대학 마음의 미래연구센터·불교학)의 말에 따르면, 아시아에 전파된 불교와도 관련이 있다. 동물의 '마음'을 인정하는 사고방식은 아시아에 넓게 퍼져 있지만, 식물이나 '물질'에까지 '마음'이 있음을 인정하는 것은 일본에 특수한 예인 듯하다. 이는 일본인에게 보다 깊은 '마음의 고층'이 남아 있다고도 볼 수 있고, 더욱 포괄적인 애니미즘적 세계관을 그 후에 구성했다고도 생각되며, 앞으로 검토해볼 만한 주제라고 생각한다.

2 ___ 언어에 의한 마음과 언어 이전의 마음

이어서 논의된 내용은 마음의 고층으로서의 애니미즘은 언어를 전제로 하는가, 아니면 언어 이전의 세계에서부터 존재했던 것인가 하는 점이다. 그것은 마음과 언어의 관계에 대한 질문, 나아가서는 언어 이전의 마음에 대한 질문이 된다. 스티븐 미슨(Steven Mithen)의 인지고고학의 관점에서 보면, 인지적 유동성을 가능하게 한 것은 언어이다. 그 이론에 따르면 애니미즘은 언어 이후에 생겨난 것이 된다. 그러나 네안데르탈인이 불을 사용하여 '물질'과 '물질'의 관련성을 인간의 조작에 의해 바꿀 수 있게 된 것처럼, 언어 이전에 '물질'에 대한 감수성이 있었던 것은 아닌가 하는 질문을, 야마기와 선생이 던졌다.

그에 대해 시모조 선생은, 인간의 개체 발달이라는 시점에서 보면, 애니미즘은 발달의 극히 초기에 보인다고 지적하였다. 말을 겨우 하게 되었거나 하기 이전부터, 어른이 돌을 차는 모습을 보고 어린아이가 "돌이 아파해" 하고 말하거나, 돌이 아파하는 듯이 행동하는 것은 그 예로 볼 수 있다. 그리고 언어에는 음악에 표현되는 것과 같은 정동적 표현과 기호적으로 개요를 기술한다는 두 가지 측면이 있고, 후자가 발달하게 되면 애니미즘이 사라지는 경우가 있다고 한다.

진화와 개체 발달의 문제를 반드시 하나의 문제로 다루는 일은 불가능할지도 모르지만, 개체 발달의 시점에서 보아도, 애니미즘은 확실히 언어 이전과 언어의 경계에 닿는 존재이고, 언어 이전의 마음에 대해 질문을 던지는 것이다.

나카자와 선생은 음악과 언어의 관계에서 이 문제에 접근하려 했다. 호모 사피엔스에게 음악은 옥타브가 다른 '도'가 '같은 음'이라고 인지하는 것과 같은 지적인 요소, 그리고 언어와 비슷한 일종의 구조를 전제로 한다. 그러나 한편 음악에는 그와는 다른 정동적인 측면이 있는 것은 아닌가 하고 문제를 제기했다.

그에 대한 야마기와 선생의 대답이 흥미롭다. 아이가 어른이 춤추는 움직임에 동일화되는 것처럼, 인간의 음악이라는 것은 신체의 동조를 의

도하고 감정과 이어져 있다. 그러나 생물학적 관점에서 볼 때, 새의 노래는 수컷이 암컷에게 하는 디스플레이지 동조를 불러일으키기 위한 것은 아니다.

여기에서는 음악이나 마음의 언어 이전의 세계와의 연결을 시사함과 동시에, 끝없이 '구조'를 전제로 하는 인간 마음의 특징도 지적하고 있다. 또한, 마음에 관해 이야기하고 그 논의를 넓혀갈 때 생물학과 같은 자연과학 학문이 이룬 성과와 대화하고, 그렇게 함으로써 인문과학에서 이론 및 추론을 제한하는 일도 중요함을 통감하였다.

3 _____ 니치 구축과 가속화

동물과 인간의 마음의 연속성과 비연속성에 대해서는 '니치 구축'도 화제가 되었다. 다른 생물과는 달리 인간의 니치 구축이란, 사회적인 환경을 만드는 것에 의해서도 생겨왔지 않나 하고 야마기와 선생이 지적하였다. 자연으로부터 멀어지고 사회의 가치가 점점 높아지면, 그에 따라 인간의 성질이 새롭게 조합되어, 니치 구축이 가속화하는 것은 아닌가 하는 질문이다.

그 질문에 시모조 선생은 유성분의 소화효소, 말라리아에의 내성 등의 구체적인 예를 들며, 그 같은 적응이 의외로 짧은 기간에 달성되었음을 지적하였다. 또 일본인에게는 'L'과 'R'의 구별이 어렵지만, 영어 환경에서 자라면 그 식별능력이 획득된다. 니치 구축이 동물이 환경을 스스로 바꿀 수 있는 능력에 비례한다고 하면, 인간이 환경을 바꾸는 가장 큰 능력을 가지고 있다고 생각할 수 있다. 인간이 환경에 작용하여 바꾸는 힘이 커졌다면, 니치 구축이 가속화해 있다고 생각할 수 있다.

이 가속화에 대해서는, 히로이 선생도 자신의 강연 내용과 연관하여 인정하였다. 호모 사피엔스가 20만 년 전에 나타나고, '마음의 빅뱅'이 약 5만 년 전에 있었고, 농경이 퍼진 것이 1만 년 전이다. 그리고 다음의 큰 변화로의 간격은 짧아져서 불교, 그리스 철학 등이 등장한 추축시대가 2,500년 전, 그리고 최근 300년, 특히 100년 동안에 인구가 급격히 확대되어, 그 시간 축은 점점 짧아졌다. 그런 의미에서는 변화가 점점 가속화하고 있음이 확실하다.

그렇게 되면, 환경적응을 위한 임계기가 특정 시기에 한정되지 않고 열려 있는 '초인류'가 머지않아 출현할 것이라는 전망은, 반드시 SF적인 망상이라고 할 수 없을지도 모른다고 히로이 선생이 말하였다. 초인류의 출현 여하는 별도로 하고, 인간 마음의 변화가 가속화한다는 점에 대해서는 생각하게 하는 지점이 있다. 예를 들어 메이지 시대 이후에 근대의식을 서양으로부터 받아들였기 때문에 생기게 된 갈등은, 일본인에게 전형적인 '대인공포'라는 증상으로 나타났다. 그러나 근래에 대인공포가 격감한 듯한 변화를 보고 있으면, 긴 역사를 거쳐 등장해 온 근대의식이나 마음의 내면화가 다시 빠르게 변화하려 하는 것일지도 모른다(가와이 도시오 《발달장애로의 심리치료적 어프로치》). 그렇다면 이것도 마음 상태 변화의 가속화로 받아들일 수 있을지도 모른다. 현대에서의 마음의 변화를 급격한 것으로 생각할 것인지, 짧은 기간만 봄으로써 생기는 착각에 지나지 않는다고 이해할 것인지, 더 많은 검토가 필요하겠다.

4 _____ 글로벌화와 로컬화

커뮤니티가 가진 패러독스에 대해, 히로이 선생이 야마기와 선생에게 질문했다. 야마기와 선생의 강연에서 인간이 커뮤니티를 만드는 것은 좋지만, 내부의 결속이 강해지면 강해질수록 커뮤니티 간의 경쟁이나 적대관계가 강해진다는 점이 인간의 변하지 않는 부분이 아닌가 하는 지적이다. 그것을 히로이 선생은 다음과 같이 바꾸어 말했다. 인류는 먼저 언어라는 것을 만들어서, 가족관계를 뛰어넘는 커뮤니티를 만들었다. 그러나 머지않아 각각의 언어를 가진 집단 사이에 틈이 생겨, 커뮤니티 간의 대립이 생겼다. 그래서 이번에는 그것을 뛰어넘는 것으로서 인류는 보편종교를 만들었지만, 각각의 종교집단 간에 또다시 더욱 뿌리 깊은 대립이 생겼다. 이를 다시 한 번 뛰어넘기 위해서는 '지구'라는 곳에 다다를 것인가, 지구를 초월한 커뮤니티를 구축할 수 없는가 하는 질문이다.

이는 닫힌 것을 넘어서 글로벌로, 열린 것을 만들려고 하면 할수록, 그것은 점점 닫힌 것으로 이어져서 그 외부와의 새로운 대립이 강해진다는 패러독스를 지적한다고 할 수 있다. 그것을 극복하기 위한 하나의 해답은 최후에는, 우선 '지구'라는 곳에 다다른다는 사고방식이고, 더 나아가서는 지구를 초월한 커뮤니티를 창조할 수 있지 않을까 하는 사고방식이다.

이에 대해 야마기와 선생은, 지금까지의 인간 사회는 그 어느 쪽으로도 귀결하지 않았다는 점을 지적하였다. 그 이유는 언어나 이미지에 의한 가상의 연결로는 커뮤니티가 형성되지 않기 때문이 아닐까 한다. 대조가 되는 예로, 이슬람의 결속이 강한 까닭은 실제로 대면하여 마주 보고 하는 커뮤니케이션이나, 다 같이 무릎 꿇고 신에게 기도하는 것을 소중하게 여기기 때문은 아닐까. 그 말을 받아 히로이 선생도 '글로벌인가 내셔널인가' 하는 대립이 아니라, 글로벌화가 한계에 달해 있는 현재에는, 로컬에서 출발하여 점차 넓혀 가는 일이 중요하지 않은가 하고 말했다. 즉, 글로벌화하여 무한으로 넓혀가는 것이 아니라, 현실이라든지, 장소, 신체, 그러한 것들과 연결하는 것이다. 경계를 짓고 좁혀가는 방향성이 중요하고, 일종의 지역 살리기 같은 움직임에는 그 지향성이 보이는 것이라고 생각한다.

집단이 닫혀 있는 것과 열려 있는 것에 대한, 야마기와 선생의 생물학자로서의 지적은 매우 흥미롭다. 인간의 집단을 나누는 기준은 먹을거리의 존재로부터 성립되어 왔다. 먹을거리의 종류에 따라 집단 간의 경계가 생긴다. 그에 비해 호모 사피엔스는 성의 대상에 대해서는 그다지 구별을 하지 않는데, 그 결과 생물학적으로 보면 한 종이 되었고, 그것은 네안데르탈인까지의 상태와는 다르다고 한다.

그와 동시에 나카자와 선생이 지적하듯이, 신화는 오이디푸스 신화를 비롯하여 근친상간을 모티프로 하는 일이 많다. 실제로 일어났는지의 여부는 차치하고, 인간은 근친상간의 욕망을 가진 생물이라고 말할 수 있다. 이처럼 성적 대상을 놓고, 낯설고 다른 종에게 끌리거나, 반대로 근친자에게 끌리는 양극단이 있다는 특징은 인간 이외의 생물에게서는 볼수 없고, 그러한 의미에서 인간 존재의 본질, 마음의 본질과 관련 있는 것일 터이다. 프로이트가 오이디푸스 콤플렉스를 강조하고, 또한 융도 연금술에서의 '결합'을 중시한 것도 이와 같은 마음의 본질과 관계가 있는 것일지도 모른다.

5 _____ 닫음·엶의 패러독스

마음에는 다양한 패러독스가 있다. 커뮤니티에도 열릴수록 폐쇄적이 된다는 측면이 있어서, 그와 반대로 로컬이나 신체라는 '제한된 것'에서 출발할 필요가 있다는 논의가 생겼다. 마찬가지로 마음에 대해서도 개방적이 되기 위해서는 닫을 필요가 있는 것이 아닌가 하는 역설을, 가와이 선생의 강연에 대해 언급하며 나카자와 선생이 지적하였다. 가령 좌선의 비법으로 '먼저 자신의 마음을 닫아라. 닫으면 열리게 된다'는 표현을 한다. 시간·장소·요금이라는 설정으로 일종의 닫힌 세계를 만드는 심리치료도, 단지 일면적으로 닫힌 시스템을 만드는 것뿐만이 아니라 닫음으로써 반대로 마음의 깊은 곳을 향해 열리게 된다는, 열림을 목표로 하고 있는 것이 아닐까.

반대로 현대의 정보사회와 같이 무한히 열려 있는 듯한 것도, 진정한 의미에서 개방되어 있는 것은 아니지 않은가. 유기적으로 닫혀 있지 않기 때문에, 그 반동으로서 '닫는 것'이 생겨난다고 생각된다. 근래의 젊은 사람들의 행동을 보고 있으면, 학교에서도 학급 전체가 아니라 극히 소수 그룹의 사람만을 참조하여 자신의 행동을 규정한다(이와미야 게이코『보통 아이의 사춘기』). 혹은 SNS나 LINE 등에서 소수의 그룹이 항상 연결되어 있고, 즉각적으로 반응하도록 요구된다. 그것은 이웃들이 서로를 지켜보던 전근대 세계의 관계를 인터넷 상에 옮겨놓은 듯하다. 인터넷에 의해 열려 있는 세계가 유기적으로 닫혀 있지 않기 때문에, 그 반동으로서 극단적인 형태로 닫기를 요구한다고 생각할 수 있다. 혹은 원리적으로는 오픈된 것이 당연한 인터넷 상의 커뮤니티는 실제로는 매우 닫힌 것으로서 사용되고 있다.

닫힌 것과 열린 것의 역설, 혹은 '단순히 열린 것'과 '닫힘을 포함하는 열림'의 차이를, 나카자와 선생은 수열과 경제에 비유하여 설명하였다. 1, 2, 3, 4, 5…라는 자연수에 의한 수열은 1을 더해 가면 끝없이 무한대로 커진다. 끝없이 퍼지는 단순한 열린 시스템이다. 라캉이 말하는 하나의 시니피앙(signifiant, 의미하는 것)이 반드시 다음의 시니피앙을 가리키는 시니피앙의 연쇄나, 현재 있는 것으로 만족하지 않고 반드시 다음 대상을 향하는 욕망의 구조도 그와 같은 열린 시스템이라 생각되고, 이는 지극히 포스트 모던적인 세계라고 말할 수 있을 것이다.

그에 비해 피보나치 수는 0, 1, 1, 2, 3, 5, 8, 13, 21…과 같이, 바로 앞의 두 항의 합으로 이루어진 수(예: 3+5=8, 5+8=13)의 예인데, 이웃하는 숫자는 황금비 1:1.6180339…로 수렴한다. 황금비는 가장 아름다운 비율로 여겨지는데, 피보나치 수는 꽃잎의 수나 식물의 꽃, 열매에 나타나는 나선의 수 등 자연계의 수로 자주 나타난다고 알려져 있다. 그것은 나카자와 선생이 지적하듯, 유기적 구조는 무한히 퍼지는 것이 아니라 어떤 공간을 닫는 것을 나타내고 있다. 일종의 만다라적인 구조를 취하는 것이다.

나카자와 선생은 비슷해 보이는 듯한 차이를, 경제에서의 '자본'과 '부'의 차이 그리고 그 단어 한자의 성분 차이로 설명하였다. 니시 아마네(西周)가 에도 말기부터 메이지 시대에 걸쳐 서양의 용어를 번역할 때, capital을 '자본'이라고 번역하였다. 이 한자를 분석해 보면 '資'는 '次'의 '貝'라고 쓴다. 고대의 화폐는 조개였기 때문에 조개를 투자하면 다음의 조개가 늘어난다는 의미이다. 그 과정을 자본의 '자(資)'라는 글자가 나타내고 있다. 이는 1, 2, 3, 4…로 무한히 늘어가는, 끝이 없는 세계를 나타낸다고 생각할 수 있다. 그것은 바로 현대의 자본주의의 본질을 나타낸다. 그에 비해 wealth의 번역인 '富'는 한자로는 '집 안에서 발효하는 것'을 가리킨다. 미생물의 존재로 물질이 변성해 간다는 뜻이며, 그것이 '부'라는 것이다. 이는 융이 심리치료의 모델로 사용한 연금술에서 플라스크 안에서의 변용, 금으로의 변모와 통하는 면이 있다. 즉, 부는 닫힌 유기적 세계 안에서의 변용이고, 죽은 조개가 무한히 늘어가는 열린 세계와는 근본적으로 다른 것이다.

역사적으로 생각하면, 마음은 열린 시스템에서 서구적인 내면화를 거쳐 닫힌 시스템이 되어 갔지만, 이는 열린 것에서 닫힌 것으로 변화했다는 단순한 이야기가 아니다. 본질적으로는 '열려 있어서 닫혀 있다'는 역설적인 상태가 마음이라는 점을 시사한다. 또한, 닫힌 마음이 열려 있기 때문에, 융이 본래 별자리를 뜻하는 '컨스텔레이션'이라는 단어를 사용하여 설명한 것처럼, 마음 안의 것과 바깥의 현실이 부합한다거나 우연처럼 발생하는 현실의 일들이 어떤 의미 있는 패턴을 이루거나 하는 경우가 있다고 생각할 수 있다.

'닫혀 있지만 열려 있는 것'이라는 마음을 이해하는 방법은 매우 본질적인 관점이고, 마음에 대해 앞으로 검토해 나갈 때 중요한 실마리가 될 것이라고 생각되었다. 또한, 닫혀 있는 것과 열려 있는 것의 역설은 커뮤니티에도 해당하는 말이었다. 더 나아가서는 동물의 마음과 인간의 마음의 연속성과 비연속성도, 언어라는 것의 의미도 포함하여 매우 중요한 포인트로 떠오르게 되었다.

이 같은 관점은 마음을 역사적으로 검토함으로써 오히려 그 공간적인 확장과 같은 것이 부각되었기 때문이라고 생각되기도 하는데, 이들을 힌트로 하면서 앞으로도 '교토마음회의'를 통해 마음을 탐구해 나갔으면 한다.

참고문헌

I

- 레비-스트로스, C. 『신화논리 IV-1 벌거벗은 사람 1』 미스즈쇼보, 2008.

- 레비-스트로스, C. 『신화논리 IV-2 벌거벗은 사람 2』 미스즈쇼보, 2010.

- 레비-스트로스, C. 『야생의 사고』 한길사, 1996.

- 스콰이어, L. R. & 캔델, E. R. 『기억의 비밀: 정신부터 분자까지』 해나무, 2016.

- 자코브, F. 『파리, 쥐, 사람: 한 생물학자에 의한 미래에의 증언』 미스즈쇼보, 2000.

- 캔델, E. R. 외 편저 『캔델 신경과학』 메디컬사이언스인터내셔널, 2014.

- 하이에크, F. A. 『감각적 질서』 자유기업센터, 2000.

II

- 가와이 도시오 『무라카미 하루키의 '이야기': 꿈 텍스트로서 해석하다』 신초샤, 2011.

- 가와이 도시오 『융: 혼의 현실성』 이와나미쇼텐, 2015.

- 가와이 도시오 편저 『발달장애로의 심리치료적 어프로치』 소겐샤, 2010.

- 가와이 도시오 편저 『융파 심리치료』 미네르바쇼보, 2013.

- 가와이 하야오 『가와이 하야오 자서전: 미래로의 기억』 신초샤, 2015.

- 가와이 하야오 『마음의 최종강의』 신초샤, 2013.

- 가와이 하야오 『묘에 꿈을 살다』 고단샤, 1995.

- 가와이 하야오 『일본인의 마음을 풀다: 꿈·신화·이야기의 심층으로』 이와나미쇼텐, 2013.

- 다카토리 마사오 『민속의 마음』 아사히신문사, 1972.
- 마에카와 미유키 『심리치료에서의 우발사: 파괴성과 힘』 소겐샤, 2010.
- 아베 긴야 『서양 중세의 죄와 벌: 망령의 사회사』 고단샤, 2012.
- 아베 긴야 『형리의 사회사: 중세 유럽의 서민생활』 중앙공론신사, 1978.
- 엘렌베르거, H. 『무의식의 발견: 역동정신의학 발달사(상)(하)』 고분도, 1980.
- 융, C. G. 『결합의 신비 Ⅰ』 『결합의 신비 Ⅱ』 진분쇼인, 1995, 2000.
- 융, C. G. 『전이의 심리학』 미스즈쇼보, 1994.
- 융, C. G. 『카를 융: 기억 꿈 사상』 김영사, 2007.
- 융, C. G. 『칼융 레드 북』 부글북스, 2012.
- 투안, 이푸 『개인 공간의 탄생: 식탁·가옥·극장·세계』 세리카쇼보, 1993.
- 프로이트, S. 『꿈의 해석』 열린책들, 2004.
- Cambray, J. 2009, *Synchronicity: Nature and Psyche in an Interconnected Universe*, Texas, A&M University Press.
- Connolly, A. 2015, "Bridging the reductive and the synthetic: Some reflections on the clinical implication of synchronicity", *Journal of Analytical Psychology*, 60-2, 159-178.
- Giegerich, W. 2005, "Lessons of mask", In Giegerich, W. *The neurosis of psychology, Collected English Papers* vol. 1, 257-262, Spring Journal Books.
- Shamdasani, S. 2003, *Jung and the Making of Modern Psychology: The dream of a Science*, Cambridge University Press.

Ⅲ

- 가이후 요스케 『인류가 걸어온 길: "문화의 다양화"의 기원을 찾다』 일본방송출판협회, 2005.
- 윌킨슨, R. G. 『평등해야 건강하다』 후마니타스, 2008.
- 이시 시로유키·야스다 요시노리·유아사 다케오 『환경과 문명의 세계사: 인류사 20만 년의 흥망을 환경사에서 배우다』 요센샤, 2001.
- 이토 슌타로 『변용의 시대: 과학·자연·윤리·공공』 레이타쿠 대학 출판회, 2013.
- 잭, P. J. 『경제는 '경쟁'으로는 번영하지 않는다: 신뢰 호르몬 '옥시토신'이 밝히는 사랑과 공감의 신경경제학』 다이아몬드사, 2013.

- 커츠와일, R. 『특이점이 온다: 기술이 인간을 초월하는 순간』 김영사, 2007.
- 클라인, R. G. & 에드거, B. 『5만 년 전 인류에게 무슨 일이 일어났는가?: 의식의 빅뱅』 신쇼칸, 2004.
- 퍼트넘, R. D. 『나 홀로 볼링: 사회적 커뮤니티의 붕괴와 소생』 페이퍼로드, 2016.
- 프라이, B. S. & 스터처, A. 『경제학 행복을 말하다: 미래경제를 이끌어갈 핵심 키워드』 예문, 2008.
- 히로이 요시노리 『정상형 사회: 새로운 '풍요'의 구상』 이와나미쇼텐, 2001.
- 히로이 요시노리 『창조적 복지사회: '성장' 후의 사회구상과 인간·지역·가치』 지쿠마쇼보, 2011.
- 히로이 요시노리 『커뮤니티를 다시 묻다: 연대·도시·일본사회의 미래』 지쿠마쇼보, 2009.
- 히로이 요시노리 『포스트 자본주의: 과학·인간·사회의 미래』 에이케이커뮤니케이션즈, 2017.
- DeLong, J. B. 1998, "Estimating World GDP, One Million B. C.–Present." http://www.j-bradford-delong.net/
- Stiglitz, J. E., Sen, A. and Fittousi, J-P. 2010, *Mismeasuring Our Lives: Why GDP doesn't add up*, The New Press.

IV

- 메를로-퐁티, M. 『행동의 구조』 동문선, 2008.
- 시모조 신스케 「역전·반전 시야실험에 대한 한 가지 고찰」 『심리학 평론』 21권 4호, 315–339쪽, 1978.
- 시모조 신스케 『서브리미널·마인드: 잠재적 인간관의 행방』 중앙공론신사, 1996.
- 시모조 신스케 『<의식>이란 무엇인가: 뇌의 내력, 지각의 착오』 고단샤, 1999.
- 시모조 신스케 〈올림픽 엠블럼 문제, 코피페 경찰의 횡행을 우려하다〉 〈올림픽 엠블럼 문제의 내막과 이후〉 아사히신문 디지털 WEBRONZA, 2015. http://webronza.asahi.com/authors/2010110800008.html
- Blakemore, C. and Cooper, G. F. 1970, "Development of the brain depends on the visual environment", *Nature*, 228, 477–478. doi: 10.1038/228477a0
- Changizi, M. A., Zhang, Q. and Shimojo, S. 2006, "Bare skin, blood, and evolution of primate color vision", *Biology Letters*, 2, 217–221.

• Dickens, W. T. and Flynn, J. R. 2001, "Heritability estimates versus large environmental effects: The IQ paradox resolved", *Psychological Review*, 108(2), 346–369. http://dx.doi.org/10.1037/0033-295X.108.2.346

• Dunbar, R. I. M. 1998, "The social brain hypothesis", *Evolutionary Anthropology*, 6, 178–190. doi:10.1002/(SICI)1520-6505(1998)6:5<178::AID-EVAN5>3.0.CO;2-8.

• Griffiths, P. E. 2001, "Genetic Information: A Metaphor in Search of a Theory", *Philosophy of Science*, 68, 3, 394–412.

• Nagata, Y. and Shimojo, S. 1991, "Mirror reversal phenomena in cutaneous perception", *Perception*, 20, 35–47.

• Park, J., Shimojo, E. & Shimojo, S. 2010, "Roles of familiarity and novelty in visual preference judgments are segregated across object categories", *Proceedings of National Academy of Science*. doi: 10.1073/pnas.1004374107.

• Parsons, L. M. and Shimojo, S. 1987, "Perceived spatial organization of cutaneous patterns on surfaces of the human body in various positions", *Journal of Experimental Psychology: Human Perception & Performance*, 13, 488–504.

• Reed, C. L., Betz, R., Garza, J. P. and Roberts, R. J. 2010, "Grab it! Biased attention In functional hand and tool space", *Attention, Perception, & Psychophysics*, 72(1), 236–245. doi:10.3758/APP.72.1.236.

• Shimojo, S. and Nakajima, Y. 1981, "Adaptation to the reversal of binocular depth cues: Effects of wearing left-right reversing spectacles on stereoscopic depth perception", *Perception*, 10, 391–402.

• Shimojo, S., Sasaki, M., Parsons, L. M. and Torii, S. 1989, "Mirror-reversal by blind subjects in cutaneous perception and motor production of letters and numbers", *Perception & Psychophysics*, 45, 145–152.

• Shimojo, S., Simion, C., shimojo, E. et al. 2003, "Gaze bias both reflects and influences preference", *Nature Neuroscience*, 6, 1317–1322.

• Shimojo, S. 2014, "Postdiction: its implications on visual awareness, hindsight, and sense of agency", *Frontiers in Psychology*, 196, 1–19. doi:10.3389/fpsyg.2014.00196.

• Yun, K., Watanabe, K.. & Shimojo, S. 2012, "Interpersonal body and neural synchronization as a marker of implicit social interaction", *Sci. Reports*, 2, 959, 1-8. doi:10.1038/srep00959.

V

- 가노 다카요시 『최후의 유인원: 피그미침팬지의 행동과 생태』 도부쓰샤, 1986.
- 가와다 준조 편저 『근친성교와 그 터부: 문화인류학과 자연인류학의 새로운 지평』 후지와라쇼텐, 2001.
- 가와이 가오리 편저 『집단: 인류사회의 진화』 교토 대학 학술출판회, 2009.
- 가와이 마사오 『인간의 유래 (상)(하)』 쇼가쿠칸, 1992.
- 구달, J. 『인간의 그늘에서: 제인 구달의 침팬지 이야기』 사이언스북스, 2001.
- 구로다 스에히사 『피그미침팬지: 미지의 유인원』 지쿠마쇼보, 1982.
- 니기 히데오 『일본원숭이 성의 생리』 도부쓰샤, 1982.
- 니시다 도시사다·우에하라 시게오 편저 『영장류학을 배우는 사람을 위해』 세계사상사, 1999.
- 다윈, C. 『인간의 유래와 성선택』 지식을 만드는 지식, 2012.
- 던바, R. 『언어의 기원: 원숭이의 털 고르기, 사람의 가십』 세이도샤, 1998.
- 데라지마 히데아키 『평등론: 영장류와 사람의 사회와 평등성의 진화』 나카니시야출판, 2011.
- 드-발, F. 『공감의 시대로: 동물행동학이 가르쳐주는 것』 기노쿠니야쇼텐, 2010.
- 랭엄, R. W. 『요리 본능: 불, 요리, 그리고 진화』 사이언스북스, 2011.
- 레비-스트로스, C. 「가족」 『문화인류학 리딩스』 세이신쇼보, 1968, 1-28쪽.
- 루소, J. J. 『인간 불평등 기원론』 펭귄클래식코리아, 2015.
- 리쫄라띠, G. & 시니갈이아, C. 『공감하는 뇌: 거울 뉴런과 철학』 UUP, 2016.
- 모스, M. 『마르셀 모스, 증여론』 커뮤니케이션북스, 2016.
- 미슨, S. 『노래하는 네안데르탈: 음악과 언어로 보는 사람의 진화』 하야카와쇼보, 2006.
- 미즈하라 히로키 『원숭이학 재고』 군요샤, 1986.
- 보엠, C. 『모럴의 기원: 도덕, 양심, 이타행동은 어떻게 진화했는가』 하쿠요샤, 2014.
- 스키야마 유키마루 『새끼죽이기의 행동학』 고단샤, 1993.
- 스프레이그, D. 『원숭이의 생애, 사람의 생애: 인생계획의 생물학』 교토 대학 학술출판회, 2004.
- 야마기와 주이치 『가족진화론』 도쿄 대학 출판회, 2012.

- 야마기와 주이치 『고릴라 제2판』 도쿄 대학 출판회, 2015.
- 에노모토 도모 『인간의 성은 어디에서 왔는가』 헤이본샤, 1994.
- 이타니 준이치로 「인간평등기원론」 이타니 준이치로·다나카 지로 편저 『자연사회의 인류학: 아프리카에 살다』 아카데미아출판회, 1986, 347-389쪽.
- 이타니 준이치로 『영장류 사회의 진화』 헤이본샤, 1987.
- 하마다 유즈루 『왜 사람의 뇌만 커졌을까: 인류 진화 최대의 수수께끼에 도전하다』 고단샤, 2007.
- 후루이치 다케시 『성의 진화, 사람의 진화: 유인원 보노보의 관찰에서』 아사히신문사, 1999.
- Aiello, L. and Wheeler, P. 1995, "The expensive tissue hypothesis: the brain and the digestive system in human and primate evolution", *Current Anthropology*, 36, 199-221.
- Bogin, B. 2009, "Childhood, adolescence, and longevity: a multilevel model of the evolution of reserve capacity in human life history", *American Journal of Human Biology*, 21, 567-577.
- Chapais, B. 2011, "The deep social structure of humankind", *Science*, 331, 1276-1277.
- Dissanayake, E. 2000, "Antecedants of the temporal arts in early mother-infant interaction", In N. L. Wallin, B. Merker and S. Brown(eds.), *The Origin of Music*, Massachusetts Institute of Technology, Cambridge, M. A. 389-410.
- Falk, D. 2004, "Prelinguistic evolution in early hominins: whence motherese?", *Behavioral and Brain Sciences*, 27, 491-503.
- Fenald, A. 1989, "Intonation and communicative intent in mother's speech to infants: is the melody the messahe?", *Child Development*, 60, 1497-1510.
- Fher, E. and Fischbacher, U. 2003, "The nature of human altruism", *Nature*, 425, 785-791.
- Harcourt, A. H., Harvey, P. H., Larson, S. G. and Short, R. V. 1981, "Testis weight, body weight, and breeding system in primates", *Nature*, 293, 55-57.
- Hawkes, K., O'Connell, J. F. and Blurton-Jones, N. G. 1997, "Hadza women's time allocation, offspring provisioning, and the evolution of long post-menopausal life-spans", *Current Anthropology*, 38, 551-578.
- Hrdy, S. B. and Hausfater, G.(eds.)1984, *Infanticide: Comparative and Evolutionary Perspectives*, Aldine de Gruyter, New York.

• Jaeggi A. V. and van Schaik C. P. 2011, "The evolution of food sharing in primates", *Behavioral Ecology & Sociobiology*, 65, 2125-2140.

• Jaeggi A. V. and Gurven M. 2013, "Natural cooperators: Food sharing in humans and other primates", *Evolutionary Anthropology*, 22, 186-195.

• Kaplan, H., Hill, K., Lancaster, J. and Hurtado, A. M. 2000, "Theory of human life history evolution: diet, intelligence, and longevity", *Evolutionary Anthropology*, 9, 156-185.

• Kappeler, P. M. and van Schaik, C. P.(eds.)2004, *Sexual selection in primates: new and comparative perspectives*, Cambridge: Cambridge University Press.

• Kobayashi, H. and Koshima, S. 2001, "Unique morphology of the human eye and its adaptive meaning: comparative studies on external morphology of the primate eye", *Journal of Human Evolution*, 40, 419-435.

• Lovejoy, C. O. 2009, "Reexamining human origins in light of Ardipithecus ramidus", *Science*, 326, 74e1-e8.

• O'Connell, J. F., Hawkes, K. and Blurton-Jones, N. G. 1999, "Grandmothering and the evolution of Homo eretus", *Journal of Human Evolution*, 36, 461-485.

• Silk, J. B. 2007, "Empathy, sympathy, and prosocial preferences in primates", In R. I. M. Dunbar and L. Barrett(eds.), *Oxford hand book of evolutionary psychology*, New York: Oxford University Press, 115-126.

• Sillén-Tullberg, B. and Møller, A. P. 1993, "The relationship between concealed ovulation and mating systems in anthropoid primates: a phylogenetic analysis", *The American Naturalist*, 141, 1-25.

• Sterck, E. H. M., Watts, D. P. and van Schaik, C. P. 1997, "The evolution of female social relationships in nonhuman primates", *Behavioral Ecology and Sociobiology*, 41, 291-309.

• Suwa, G. et al. 2009, "The Ardipithecus ramidus skull and its implications for hominid origins", *Science*, 326, 68e1-e7.

• van Schaik, C. P., van Noordwijk, M. A. and Nunn, C. L. 1999, "Sex and social evolution in primates", In Lee P. C.(eds.), *Comparative Primate Socioecology*, Cambridge: Cambridge University Press, 204-231.

• Watts, D. P. 1989, "Infanticide in mountain gorillas: new cases and a reconsideration of the evidence", *Ethology*, 81, 1-18.

- Wich S. A., Utami-Atmoko S. S., Mitra Setia T., Rijksen H. D., Schürmann C., van Hooff J. A. R. A. M. and van Schaik C. P. 2004, "Life history of wild Sumatran orangutans(Pongo abelii)", *Journal of Human Evolution*, 47, 385-398.

- Wrangham, R. W. and Carmody, R. 2010, "Human adaptation to the control of fire", *Evolutionary Anthropology*, 19, 187-199.

- Wray, A. 2000, "Holistic utterances in protolanguage: the link from primates to human", In C. Knight, M. Studder-Kennedy and J. R. Hurford(eds.), *The Evolutionary Emergence of Language: Social Function and the Origin of Linguistic Form*, Cambridge: Cambridge University Press, 285-302.

- Yamagiwa, J. 1999, "Socioecological factors influencing population structure of gorillas and chimpanzees", *Primates*, 40, 87-104.

- Yamagiwa, J. and Kahekwa, J. 2001, "Dispersal patterns, group structure and reproductive parameters of eastern lowland gorillas at Kahuzi in the absence of infanticide", In K. Stewart, M. Robbins & P. Sicotte(eds.), *Mountain gorillas: Three Decades of Research at Karisoke*, Cambridge: Cambridge University Press, 89-122.

- Yamagiwa J., Tsubokawa K., Inoue E. and Ando C. 2015, "Sharing fruit of Treculia africana among western gorillas in the Moukalaba-Doudou National Park, Gabon: Preliminary report", *Primates*, 56, 3-10.

- Yamagiwa J. 2015, "Evolution of hominid life history strategy and origin of human family", In Furuichi T., Yamagiwa J., F. Aureli(eds.), *Dispersing primate females: life History and Social Strategies in Male-Philopatric Species*, Springer, Tokyo, 255-285.

마음은 어디에서 와서 어디로 가는가

1판 1쇄 찍은날 | 2018년 6월 4일
1판 1쇄 펴낸날 | 2018년 6월 11일

지은이 | 가와이 도시오·나카자와 신이치·히로이 요시노리·시모조 신스케·야마기와 주이치
옮긴이 | 강수현
펴낸이 | 정종호
펴낸곳 | (주)청어람미디어

책임편집 | 정종호
디자인 | 이원우
마케팅 | 김상기, 황효선
제작·관리 | 정수진
인쇄·제본 | 서정바인텍

등록 | 1998년 12월 8일 제22-1469호
주소 | 03908 서울 마포구 월드컵북로 375 402호
전화 | 02-3143-4006~8 | 팩스 02-3143-4003
포스트 | post.naver.com/chungaram_media

ISBN 979-11-5871-073-6 03180
잘못된 책은 구입하신 서점에서 바꾸어 드립니다.
값은 뒤표지에 있습니다.

이 도서의 국립중앙도서관 출판시도서목록(CIP)은 e-CIP 홈페이지(http://www.nl.go.kr/ecip)와
국가자료공동목록시스템(http://www.nl.go.kr/kolisnet)에서 이용하실 수 있습니다.
(CIP제어번호 : CIP2018016540)